ZUM HALBEN MOND

ISBN 3-939725-00-5

Weimar 2006

Für meine Tochter Aruna.

Gewidmet allen, die ihre Heimat lieben.

ALEXANDER VON HOHENTRAMM

BILDER AUS DER DEUTSCHEN GEGENWART

Und wenn ihr schreiet, wenn ihr klagt,
daß ich zu grob mit euch verfahre.
Und wer euch heut recht derb die Wahrheit sagt,
der sagt sie euch auf tausend Jahre.

Goethe

Das nachstehende Gedicht schrieb ich im Schillerjahr 2005 zu Weimar. Ich zwang mich zu vergessen, daß ich niemanden finden würde, der es zu drucken bereit sei. Ich unterdrückte den Gedanken an das Zetern jener Pharisäer der Internationalität, die jetzt mit den Regierungen Hand in Hand gehen, auch die volle Liebe und Hochachtung der Zensur genießen und in der Tagespresse den Ton angeben können, wo es gilt, jene Gegner zu befehden, die auch zugleich die Gegner ihrer allerhöchsten Herrschaften sind. Ich wappnete mich im Herzen gegen das Mißfallen dieser heldenmütigen Lakaien in schwarzgrüngelbroter Livree und gegen ihren anklagenden Aufschrei: "Du lästerst unsere Farben, Verächter des multikulturellen Gedankens."

Ja, ich verachte eure Farben und Parolen, weil sie nicht mehr als eine knechtische Spielerei sind. Pflanzt das Banner der Heimat auf die Höhe des internationalen Gedankens, macht es zur Standarte eines wirklichen Europäers, der den anderen ehrt, weil er sich selber achtet, und ich will mein bestes Herzblut für sie hingeben.

Doch das beunruhigt euch, weil ihr glaubt, man müsse auf das Vaterland spucken, um Weltbürger zu werden.

Nicht Internationalisten seid ihr, sondern Entwurzelte. Ich bin der Freund der Franzosen, Engländer, Türken, Eskimos und Tasmanier, wie ich der Freund aller Menschen bin, wenn sie vernünftig und gut sind, und ich bin nicht so dumm oder so schlecht, als daß ich wünschen sollte, daß Deutsche und Franzosen oder überhaupt Völker sich gegenseitig die Hälse brächen zum Besten des Zinskapitals.

Deshalb gönne und wünsche ich jedem Volke seine Heimat - als Schutz gegen die Konjunkturritter dieses Erdballs. Und ich werde Deutschland nimmermehr abtreten, schon aus dem ganz einfachen Grunde: weil mir Deutschland gehört! Ja, mir gehört es, durch unveräußerliches Geburtsrecht, in seinen herrlichen Gefilden stand meine Wiege, und ich sehe gar nicht ein, warum dieses Land irgendeinem andern gehören soll als den Landeskindern. Laßt uns vollenden, was die

Großen unseres Volkes in ihren Gedanken begonnen haben; laßt uns diese überflügeln in der Tat. Laßt uns den Gott, der auf Erden im Menschen wohnt, aus seiner Erniedrigung retten, die Erlöser Gottes werden und das arme, glückenterbte Volk und den verhöhnten Genius und die geschändete Schönheit wieder in ihre Würde einsetzen - so wie unsere großen Meister es gesagt und gesungen haben.

Den schärfsten Widerspruch gegen meine Zeilen werde ich zu achten wissen, wenn er aus einer Überzeugung hervorgeht. Selbst der rohesten Feindseligkeit will ich alsdann geduldig verzeihen. Meine ganze schweigende Verachtung widme ich hingegen den gesinnungslosen Wichten der deutschen politischen und literarischen Zeitungsblätterwelt.

Wahrhaftig, Schiller ist tot, aber Schufterle lebt noch immer und steht seit Jahren an der Spitze einer wohlorganisierten Bande von literarischen Strauchdieben, die in den böhmischen Wäldern der Massenmedien ihr

Wesen treiben, hinter jedem Busch, hinter jedem Blatt versteckt liegen und dem leisesten Pfiff ihres würdigen Hauptmanns gehorchen. Ich denke, mein Kollege "Harry" wird es mir nicht verübeln, daß ich mir den einen und anderen Satz aus seinem Vorwort zu seinem "Wintermärchen" ausgeliehen habe.

Weimar, am Tag der Deutschen Einheit 2005

PROLOG

Wer heute noch an Deutschland denkt,
dem wird wahrhaftig nichts geschenkt.
Die Heimat ging schon fast von hinnen,
voll Fleiß webt man am Leichenlinnen.

Was Deutschland einst, was Deutsche waren,
gibt es kaum mehr, seit vielen Jahren
ist es ein Name bloß, nur Schall,
und treffender hieße es Augias-Stall.

Doch Herkules - wär' er in Sicht -
verzweifelte. Zeus selber nicht
könnt' helfen hier und würde trist,
so himmelhoch liegt schon der Mist.

Wie soll ein Mensch den Mut da finden
zum Traum von Eichen und von Linden.
Das Herz ist schwer, die Seele blutet,
zuviel wird einem zugemutet,

Doch ehe ihr zum Sarg euch wendet,
der voller Großmut schon gespendet,
kneift in den Arm euch, es ist Zeit -
vielleicht, daß ihr nur scheintot seid.

Ich sage euch: Steht auf und wandelt!
Tot ist nur der, der nicht mehr handelt.
Tragt nicht mehr länger Schimpf und Spott
und helft euch selbst, dann hilft auch Gott!

ERSTES KAPITEL

Wieder schreiben wir August -
gut zwanzig Jahre sind verflossen,
seit ich aus Deutschland fortgemußt,
dem Deutschland, das mich so verdrossen,

seitdem ich ging im frohen Hoffen,
ein beß'res Deutschland zu erlangen;
ich habe es nicht angetroffen.
Ach, wäre ich nicht weggegangen,

wär' ich geblieben und hätte gestritten
gegen Westgeld und gegen Bananen,
gegen alle, die gen Ostland ritten,
um tüchtig einmal abzusahnen.

Gut wär es gewesen, ein paar zu erschießen,
auch wenn es unmenschlich klingen mag;
die Lumpen, die andre erschießen ließen,
die säßen jetzt nicht im Bundestag.

So aber schau ich verdutzt in die Runde
und kann nicht fassen, was da passiert,
wie hurtig die cleveren Schweinehunde
von hüben und drüben sich hübsch liiert.

Herr Schulrat S…, geehrt mit Orden,
weil er seine Schüler zur Fahne gepreßt,
ist eben schnell mal Landrat geworden,
der sich als Demokrat kräftig feiern läßt.

Frau L… ist voller Beharrlichkeit
am Tisch einfach sitzen geblieben,
nur stand statt "Arbeitsamt" früher breit
"Kreisleitung" am Hause geschrieben.

Doch das sind nur die kleinen Wichter,
sie schlüpften klammheimlich unter,
viel dreister ist das große Gelichter,
das treibt es noch lauter und bunter.

IM Sekretär und IM Notar,
verlogen und meineidig,
sie machten Karriere so wunderbar;
Spitzel sind halt geschmeidig.

Vergangenheit hin, Vergangenheit her,
sie können die Köpfe hoch tragen,
der Anwalt und der Stolpe- rer,
man darf es jetzt nicht mehr sagen,

daß Spitzel sie und Lumpen gewesen,
es ist gerichtlich verboten,
es stand ganz groß in der Zeitung zu lesen,
daß Strafen dafür drohten.

Drum ruf' ich, so laut ich rufen kann:
Herr Gysi ist k e i n Halunke,
Herr Stolpe ist ein Ehrenmann,
der Frosch ist keine Unke!

So mancher Vorstadtbühnen-Statist
vom Bonner Polit-Theater,
der längst schon die weiße Flagge gehißt,
wurde im Osten noch Landesvater.

Da hatte klein Michel sich mühevoll
einen schönen Aufstand gedrechselt;
nun lebt er wieder im Schweinestall,
nur hat man die Schweine gewechselt.

Die große Stunde wurde verschenkt,
es hat keinen Kopf gekostet.
Kein Schloß wurde hier mit Macht gesprengt
die Kette war durchgerostet.

Die Clique, die jetzt das Netzwerk flicht,
die hat das wohl bedacht;
die neuen Ketten rosten nicht,
sie sind aus Gold gemacht.

ZWEITES KAPITEL

Ich springe zurück in meinen Gedanken
in jene schicksalhaften Tage,
als die Mauern, als die Schranken
brachen. Und ich sage:

Viel hab ich in sechzig Jahren
miterlebt an Auf und Nieder,
doch Stunden, wie es diese waren,
die erleb' ich wohl nie wieder.

Auf der Leiter stand ich träumend
an diesem späten Donnerstag,
Bilder ordnend, Bücher räumend,
und dann dieser Donnerschlag!

Von der Leiter sprang ich, flog ich,
zwei Bücher noch in meiner Hand,
zur Chausseestraße hin zog ich,
bis ich vor der Mauer stand.

Zögernd erst, wie scheue Wogen,
die schon künden von der Schwemme,
verdutzte Menschen staunend zogen.
Und dann brachen alle Dämme!

Zu schwach ist meiner Feder Macht,
um den Glanz hier zu beleben,
den Zauber der Novembernacht,
Freunde, ich spürte das Schicksal weben!

Ich spürte den himmlischen Götterfunken,
den Schiller einst so schön besungen,
ja, ich war vor Freude trunken,
und ich fühlte mich umschlungen

wie von einem goldenen Band,
mit Millionen fest vereint,
als unser Volk sich wieder fand.
Und ich habe gern geweint!

Von diesem Volk, von dem ich geglaubt,
es könne sich gar nicht mehr freuen,
es sei bis in die Seele verstaubt,
ging Kraft aus wie von tausend Leuen.

Wenn Glück und Freude Dynamos wären,
und Licht erzeugen könnten, vielleicht
hätte bis hinter den Großen Bären
das Leuchten Berlins damals gereicht.

Doch was vom Schicksal glücklich gegeben,
ward mit Bedacht schon im Keime zerstört.
Der Schrei nach wirklichem, menschlichem
Leben
verhallte im Ballermann ungehört.

Was früher schwankte, stürzt gänzlich ein,
noch stärker treibt man den Spott,
man füttert im Menschen willig das Schwein
und gibt ihm Götzen, doch keinen Gott.

Langsam gingen wir früher, per pedes,
zweifelnd suchend nach dem Sinn.
Heute rast man im Mercedes,
aber keiner weiß, wohin!

DRITTES KAPITEL

Tief aus meinem Innern steigen
Bilder manchmal jäh empor.
Nachts, wenn Stadt und Straße schweigen,
lieg' ich grübelnd auf dem Ohr.

Und ich seh' mich mit zwei Taschen
wieder in der Friedrichstraße,
seh' die Tränen mir wegwaschen,
weil e i n Deutschland ich verlasse.

Ach, ich habe keins verlassen,
und ich habe keins gefunden;
lieben wollte ich, nicht hassen!
Gleich die ersten meiner Stunden

ließen die Vermutung reifen,
daß auch dies nicht Deutschland sei.
Schmerzhaft mußte ich begreifen:
Mit Deutschland ist es fast vorbei.

Hingegangen ist das Beste
hier wie dort. Auf beiden Seiten
blieben kümmerliche Reste,
Zank und aufgeblähtes Streiten

um des toten Kaisers Bart.
Paragraphen-Firlefanz
war noch da von Deutscher Art,
Bürokraten-Ignoranz.

Von Treue, Recht und Redlichkeit,
von aufrecht, tapfer, bieder
war keine Rede weit und breit,
und niemand sang hier deutsche Lieder.

Die Deutsche Sprache selber schien
im Untergang begriffen,
in München, Frankfurt und Berlin
zum denglisch abgeschliffen.

Man kommt "to late" zu einem "date",
der eigentlich "important",
die Sprache wird so arg verdreht,
daß man am liebsten fortrennt.

Zum "weekend" ward das Wochenende,
und "world" schreibt man jetzt Welt.
Dem Kind nahm man ein "n" behende,
zu "money" verkam unser Geld.

"Round table" nennt, wer auf sich hält,
jetzt einen runden Tisch,
wenn man im Restaurant bestellt,
sagt man zum Fisch jetzt "fish!"

Nicht Sprache nur, Gefühl und Geist
im Ganzen sind bedroht,
schlicht alles, was man Sitte heißt,
das Volk verwildert und verroht.

Der erste Film, den ich hier sah -
"Am Anfang war das Feuer" -
bracht mich einem Herzschlag nah;
es war so ungeheuer,

was ich erblickte, als das Licht wiederkam:
Kippen, Flaschen, Spritzen, Dreck,
daß es den Atem mir fast nahm.
Die türkische Putzfrau räumte es weg.

Der Film zeigte Menschen mit Keule und Fell.
Ich blickte mich unsicher um:
Ich sah keine Keulen als es wieder hell,
und doch saßen Wilde im Publikum.

VIERTES KAPITEL

Meine Feder, die im Osten
reich belohnt, hoch dekoriert,
fing im Westen an zu rosten.
Gern hätt' man mich integriert,

ich verkaufte manche "story"
über Erich und Genossen,
aber alle sagten: "Sorry!"
und sie schienen sehr verdrossen,

wollt' Probleme ich beschreiben,
die mich hierzulande stören.
"Ach, das laß mal lieber bleiben,
das will keine Sau hier hören",

hieß es. Und bei Gott, es stimmt!
Brotlos wird man hier beim Schreiben,
wenn man den Mensch' als Menschen nimmt.
Doch beim großen Schweinetreiben

Treiber sein, war mir zuwider,
dafür war ich nicht gegangen.
Drum legt' ich die Feder nieder
um was Neues anzufangen.

Arbeit hab ich nie gescheut,
auch Mühen nicht, fürwahr,
und ich wär' vielleicht noch heut
ein glücklich armer Antiquar,

würde schön in Büchern blättern,
mit Bibeln handeln von Dore,
gösse mir bei bösen Wettern
noch mehr Rum in meinen Tee,

abgeschirmt in meinem Turm
mit Bücherwürmern nur allein,
selber fast ein Bücherwurm,
doch es hat nicht sollen sein!

Ich hör' schon das Wörtlein "Übermut!",
"du warst doch wirklich zu beneiden,
dir altem Esel ging's doch gut,
konntest du dich nicht bescheiden?"

Nein! Es schnitt das Herz mir durch,
ich begann meine Kunden zu hassen,
mußt' ich doch jedem beliebigen Lurch
meine Schätze für Geld überlassen.

Das schöne Lexikon aus Prag,
schweißtriefend einst gebuckelt,
war Umsatz jetzt für einen Tag!
Dafür hatte ich 's nicht geschmuggelt!

"Ich bin Doktor X. aus Bad Gastein.
Sind das Andersens Märchen dort?
Die packen Sie mir mal alle ein!"
Wie Heringsschwänze waren sie fort!

Kunden gibt es – unverfroren!
Eine kommt und sagt: "Ich hätt'
gerne Bücher zum Durchbohren
als Füße für mein Designer-Bett."

Ich blickte ihn an. Er wurde bleich,
ich sagte nicht ein Wort,
trotzdem ging er lieber gleich,
denn sonst hätte ich i h n durchbohrt.

Das konnte, das sollte, das musste nicht sein,
es kränkte mich zu sehr.
Zum Glück fiel mir etwas Besseres ein:
Dann wirst du eben Millionär!

FÜNFTES KAPITEL

Spitzt eure Lauscher, es könnte sich lohnen,
es wird ein Geheimnis euch hier verraten:
Wie erfüllt sich die Sehnsucht der Abermillionen,
die vom Schicksal ein kleines Vermögen erwarten?

Was soll man tun, wie kann es gelingen,
wie fährt man ein kleines Vermögen ein?
Man muß ein großes nach Arnstadt bringen –
im Handumdrehen wird es dort klein!

Falls ihr es überprüfen wollt,
fahrt hin, es ist ein hübscher Flecken.
Von fern schon winken das Rot und das Gold
der Dächer und Türme. Aus allen Ecken

grüßt euch des Mittelalters Hauch,
als wäre die Zeit hier stehengeblieben.
Und in der Tat, das ist sie auch!
Herrn Bach schon hat es davongetrieben.

Vier Jahre lang hielt er es aus
als Organist mit gutem Lohn,
dann trieb es ihn fluchtartig zur Stadt hinaus.
Heut feiert die "Bachstadt" den großen Sohn!

Auch Herr Alexis, Willibald,
wird gerne als Bürger genannt.
Er war an einen Rollstuhl geschnallt,
sonst wäre er sicher auch fortgerannt.

Den Titel "Kreisstadt" stolz man trägt,
und sehr zu Recht, da im Ort
seit Jahren sich alles im Kreis bewegt.
Mich dauern die dreihundert Menschen dort!

Wir waren fünf biedere Durchschnittspersönchen,
Ingenieur, Journalisten, ein Bibliothekar,
ein Arzt auch, und ein knappes Milliönchen
betrug das Vermögen der GmbH.

Zu wenig, um darauf auszuruhn,
kühne Projekte sollten es mehren.
Gutes wollten wir damit tun,
Geld verdienen – aber in Ehren!

Doch wer in diesem Land was tut,
der merkt ziemlich schnell,
Mut reicht nicht – man braucht Übermut
und ein bärendickes Fell,

um all die Stiche zu ertragen,
die fein gesponnenen Intrigen,
die tiefen Schläge in den Magen,
um die Hydra zu besiegen,

die in Bürokratentempeln
fauchend in den Weg sich stellt
mit Lederarsch und tausend Stempeln,
fressend deine Zeit, dein Geld!

Du hast Ideen, willst kräftig starten –
indes es gibt die Kreisverwaltung,
in ihren Hallen lernst du warten,
und mühsam nur bewahrst du Haltung!

Du irrst durch die Gänge,
denn du brauchst einen Schein,
jeder zieht' s in die Länge,
jeder stellt dir ein Bein,

und wenn man verzweifelt vom Schaden spricht,
wird man nur hämisch angelacht:
"Ist mir doch egal! Ich bezahl' das ja nicht!
Ich hab die Gesetze auch nicht gemacht!"

Derweil man sich beim Brandschutz verteidigt,
mit seiner Kräfte spärlichem Rest,
hat man die Denkmalpflege beleidigt.
Die will das Mittelalter samt Typhus und Pest.

Sie haut dir die Auflagen um die Ohren,
da hilft kein Flehen und kein Trutz,
du wirst im Winter kahl geschoren –
es gibt keinen Schutz vor dem Denkmalschutz.

Sie strickten früher für Frieden, die Damen,
und waren auch sonst ganz friedlich,
bis sie durch Zufall Ämter bekamen,
Kopfwackeldackel fanden sie niedlich.

Heut sind sie von Kunst und Kultur durchglüht:
"Ach, seht nur, die herrliche Fliese"
Gott segne euer schlichtes Gemüt!
Der Dinosaurier war ein Riese

an Körpermasse und Muskelmacht,
doch war sehr klein sein Gehirn.
Wie Dinos sitzt ihr in Amtstubenpracht,
nur habt ihr noch weniger hinter der Stirn!

Und wenn du denkst: Jetzt bist du durch,
jetzt kannst du endlich bauen,
kommt der Naturschutz mit Buntspecht und Lurch,
dann heißt es, auf Gott zu vertrauen!

Denn was ist des Menschen Himmelreich,
sein innigstes Wünschen und Sehnen,
gegen Wanderratten und Krötenlaich?
Du kannst dich schon glücklich wähnen,

hast du keine Fledermäuse im Haus,
und wenn, laß es ja keinen wissen,
jage sie heimlich zum Tempel hinaus,
sonst kannst du dich gleich erschießen.

Entlastungsstraßen fordert man laut,
sie würden Kindern nützen;
stattdessen werden Tunnels gebaut
für seltsame Kröten, die muß man schützen.

Kompletter Naturschutz scheint auch zu gelten
für Schreibstubenstute und Schreibstubenhengst,
sie sterben nicht aus, sind auch nicht selten!
Sind nur sehr giftig, wenn du sie bedrängst.

Sie schweben von Hoheitswolken umduftet –
du bist für sie nur der Neger,
der kopfnickend für seinen Massa schuftet,
doch sind sie äußerst integer.

Als Kumpel Jan mal ganz gewitzt
eine kleine Bestechung versuchte,
da ist er ganz schön abgeblitzt
bei dem Beamten. Der fluchte:

"Wie können sie sich nur erfrechen,
Sie sind wohl wahnsinnig? Was fällt Ihnen ein?
Einen deutschen Beamten woll'n bestechen?
Mit so einem lächerlichen Schein?"

Was ich erlebte in deutschen Banken,
mir widerfahren vor deutschen Gerichten,
weist meiner Dichtkunst deutlich die Schranken,
das übertrifft Münchhausens Geschichten.

Ich widmete gerne dem deutschen Richter,
der deutschen Richterin eine Ode,
doch besang sie ja schon der Hamlet-Dichter:
"Ist es auch Wahnsinn, so hat 's doch Methode."

SECHSTES KAPITEL

Könnte ich das Rad zurückdrehn –
nein, ich würde es nicht wollen,
weil am Ende doch wir hingehn,
wohin wir nun mal gehen sollen.

Außerdem, was kann ich klagen?
Dazu gibt es keinen Grund,
Lunge, Nieren, Herz und Magen,
selbst die Leber ist gesund.

Und als wär das nicht genug,
hat der Herrgott mich beschenkt
mit zwei Kindern hübsch und klug,
wie man braver sie nicht denkt.

Nur Wehwehchen! And're leiden
blankes Elend in der Welt.
Nein, ich muß mich selbst beneiden,
es ist gut um mich bestellt.

Und ich sag' mir für gewöhnlich:
Für jedes Meckern, Junge, traun,
müßt unser Herrgott höchstpersönlich
dir eine dicke Schelle haun!

Loben muß ich für sein Walten
meinen Schutzengel ganz laut,
der immer sicher mich gehalten,
bei all dem Mist, den ich gebaut,

den ich zu bauen immer bereit?
Gott weiß, du brauchtest sehr viel Kraft.
Wahrscheinlich wart ihr gar zu zweit,
einer allein hätt' das gar nicht geschafft.

Doch Demut nur den Himmelsmächten,
nicht den Knilchen hier auf Erden,
nicht den Schleimern und den Knechten,
die als Herren sich gebärden.

Wo sich die Weihrauchfahnen kräuseln,
da will ich stinken gegen Wind,
wenn alle Hallelujah säuseln,
zeig' ich die Wunden und den Grind,

und Essig misch ich in den Wein.
Wo andre Gummibällchen sind,
da bin ich härter als ein Stein!
Ich bin das frech-naive Kind,

ich will den nackten Kaiser zeigen,
ich schlag' die Glanzfassaden ein.
Mit meinen Brüdern will ich steigen,
aus ihrer Tiefe will ich schrei'n!

SIEBENTES KAPITEL

Schlimm hat es mich umgetrieben,
schrecklich in den letzten Jahren.
Wund war mir das Herz gerieben
und ich wollt' nach Hause fahren.

Nach Hause, wo ist das? Wo gehöre ich hin,
wo ist dieser Ort, nach dem ich mich sehne?
Nach Heimat steht mir verlangend der Sinn,
doch wo ist sie? Wo war mir so "bene"?

Wo konnten wir uns sicher wissen?
Im Mutterleib, dem einzig einen
aus dem wir in die Welt gerissen;
wir betreten sie mit Weinen!

So ist der Anfang! Das gleiche Lied
tönt, bis der letzte Tag uns tagt.
Das Schicksal, das mit uns geschieht,
fragt selten, ob wir ja gesagt!

O Mutterschoß, du schöner Schatz,
gingst leider für immer verloren.
Als schwacher Trost nur bleibt der Platz,
an dem die Mutter uns geboren.

Fast unbewußt war mein Entschluß:
Voll Hoffnung, es möchte mir frommen,
saß ich plötzlich schon im Bus,
um in das kleine Dorf zu kommen.

Die letzte Strecke mußte ich laufen,
es fiel bei sonnigem Wetter nicht schwer.
Zwar hatte ich Geld, ein Billet zu kaufen,
doch fuhr die Kleinbahn schon lange nicht mehr.

So lief ich entlang, wo Schienen einst lagen,
wo einst das Dampfroß kräftig geschnauft,
das man samt Schienen, Bahnhof und Wagen
als unrentabel für ein Spottgeld verkauft.

Gemütlich im Zug mit dem Nachbarn zu plaudern,
sich auszutauschen, war man stets willig;
dann kaufte man Autos, ohne zu zaudern,
es gab sie auf Raten, und Benzin war so billig.

Ein altes Warnkreuz, schon halb verrostet,
stand – sinnlos nun – am Rand der Schneise,
die soviel Mühe und Arbeit gekostet.
Daß ihr so leichtfertig die dienstbaren Gleise

verramscht, das wird euch noch dauern,
dacht ich bei mir. Zwar wünsch ich es nicht,
doch seh' ich die dunklen Stunden schon lauern
wie ein langsames, gnadenloses Gericht.

Auch hier die Felder künstlich verkargt
und auf der Weide kaum noch Vieh;
Nahrung gibt 's ja im Supermarkt,
so viel und vielfältig wie noch nie.

Auch hier, im schönen Hans-Jochen-Winkel,
bekommt der Bauer vom Staat mehr Geld
für die Nichtaussaat von Hafer und Dinkel,
als wenn er mühsam die Felder bestellt.

Kein Wunder, daß, mit Bauernschläue,
die Bauern sich spezialisieren
auf die Nichtaufzucht der Säue.
Nun, es würd' mich interessieren,

ich würde mir gerne berichten lassen,
ob es da Unterschiede gibt,
zum Beispiel, welche Schweinerassen
zur Nichtaufzucht besonders beliebt.

Vielleicht, daß ich auch Bauer werde,
aber gleich im großen Maße,
daß ich eine ganze Herde
von tausenden Schweinen n i c h t aufziehen lasse.

Das ist Wirtschaftspolitik! Indessen:
Solche Kunst macht keinen satt.
Gelbes Gold kann man nicht essen,
zumal man kaum noch welches hat.

Gleich fiel mir mein Theo ein,
Theo Storm, der Schimmelreiter,
der mit seinen Versen fein
oft mein Wegbegleiter:

"Wenn der Pöbel aller Sorte
tanzet um die Goldnen Kälber,
halte fest: Du hast vom Leben,
doch am Ende dich nur selber."

Traurig muß ich hier gestehen:
Ich hab' selber manche Runde
mitgetanzt ohne zu sehen,
wie vergeudet jede Stunde,

die als Sieger mich bekränzte,
die von Gold umstrahlt mich lockte;
Flitter war nur, was da glänzte,
unter dem ein Kobold hockte,

wahrscheinlich war es der Teufel selber.
Die ganze Hölle hat gelacht,
als der Mensch sich gold'ne Kälber
aus der goldenen Zeit gemacht.

Denn Zeit ist eine Gottesgabe,
unser Anteil an der Ewigkeit,
des Menschen einzig echte Habe,
drum regte sich des Teufels Neid.

Die neue Zeit ist tief gesunken;
die Väter waren noch vom Gold berauscht,
weil es ein Widerschein vom Sonnenfunken.
Wir aber haben seinen Glanz getauscht

gegen Fetzen, die man bunt bedruckt,
unbedeutend schon ob des Gewichts,
und unsere arme Seele zuckt
wegen eines lächerlichen Nichts'!

ACHTES KAPITEL

So ging ich sinnend durch die Heide,
durch magere Felder, durch Wiese und Torf.
Traulich und rot durch das grüne Geschmeide
der Wälder grüßte von fern mich das Dorf.

Die schönsten Gegenden dieser Welt
durft' ich bestaunen auf weiten Reisen:
milchgrüne Seen von Gipfeln umstellt,
aufreizende Buntheit auf Dschungelschneisen,

großartige Landschaften, kühn und so wild,
daß manchmal mir der Atem fast stockte.
Doch nun lag vor mir die Heimat so mild,
so lieblich voll Anmut, es war mir, als lockte

mit Engelsstimmen das Himmelreich dort.
"Da bist du ja", hörte den Häher ich kichern,
"so bleibe doch hier und geh nie mehr fort".
Gern würde ich bleiben, ich kann euch versichern:

Gott hatte einst eine sehr gute Stunde,
als er die lächelnde Altmark erschuf.
Ein einsamer Milan zog Runde um Runde
in schwindelnder Höhe. Sein klagender Ruf

traf mich so plötzlich und spitz wie ein Spieß.
Was war an dem heiseren Vogelschrei,
das mich an den Tränen würgen ließ?
"Vorbei", rief er, "Vorbei, vorbei"!

NEUNTES KAPITEL

Vom Turm die Glocke klang wie ein Gruß
aus märchenfernen Kinderzeiten.
Der Mond ging auf – wie bei Claudius –
und Nebel stieg weiß aus den Wiesenweiten.

Ein zweiter Mond, wie eine Sichel,
war über eine Haustür gemalt;
Döner für den deutschen Michel
gibt's dort, und mein Michel strahlt,

freudig, weil der Bosporus
sich seiner endlich angenommen
und er nun nicht mehr essen muß,
was ihm bisher ganz gut bekommen.

Schon einmal hatten sie Wien fast genommen;
Prinz Eugen stoppte den Türkenzug.
Nun sind sie ohne Kamele gekommen,
in Deutschland gibt es Kamele genug!

Mit Angerschulzens jüngstem Sproß
hab' ich auf einer Schulbank gesessen.
Jetzt heißt sein Fachwerkhaus "Rhodos".
Man kann Tzatziki dort essen.

Wo früher rechts und links der Tür
zwei Linden grün mich grüßten,
steh'n jetzt zwei Drachen gülden für
aus Chinas fernen Wüsten.

Da fällt mir ein Gasthof in Heidelberg ein,
der heißt noch "Zur Deutschen Eiche",
gleich neben dem Schloss, doch gehst du rein,
bist du im chinesischen Reiche.

Wo blieb der kühle altmärkische Sinn,
der dem Fels in der Brandung glich,
wo ist der alte Wahlspruch nur hin:
"Watt de Bur nich kennt, dat fret hei nich".

Mir ist die Peking-Ente schnuppe!
Gebt Schlackwurst mir und Tiegelbraten,
Spargel in altmärkischer Hochzeitssuppe,
Stichfleisch und Schinken, den räucherharten.

Weiß Gott, dazu ein deutsches Bier
sollt' schäumend frisch mir munden,
wie würde dann die Seele mir
so wunderbar gesunden.

Wär das gesichert, dann würde ich wohl
auch beim Chinesen mal stecken,
so oft, wie diesem Klöße mit Kohl
und Rinderroulade schmecken!

Der Deutsche nähme ganz gelassen
ein wenig Zufuhr frischen Blutes.
Sie frischt ja auf die alten Rassen
ein Tröpfchen wär vielleicht was Gutes,

wenn wir die Eigenart bewahren,
Purismus scheint mir nämlich fad.
Vergnüglich spiel ich schon seit Jahren
mit einem deutschen Türken Skat.

Doch würde es mein Herz beschweren,
wenn von der Ostsee bis zum Harz
die Deutschen keine Deutschen mehr wären
oder jeder zweite schwarz.

Just kam mir zu Ohren aus Kreuzbergs Gefilden,
daß zwei Direktoren sich weigern,
in Zukunft noch d e u t s c h e Schüler zu bilden!
"Ja, ist denn der Wahnsinn noch weiter zu steigern?"

fragt jeder, der die Begründung hört,
ich darf aus dem "Stern" zitieren:
"Der Schulalltag wird durch Deutsche gestört,
sie lassen sich schwer integrieren!"

Ich kann zwar teilen, zweifelsohne,
und bin auch hilfsbereit gestimmt,
aber nicht mehr, wenn zum Lohne,
man mir die Heimat dafür nimmt!

Und ich schwöre: niemals werde
ich verhökern dieses Gut.
Für jeden Flecken deutscher Erde
floß in Strömen deutsches Blut!

Nur ein Lump hat da die Stirn,
daß er zu Schmähen sich vergißt,
weil er blutleer im Gehirn
und im Herzen selber ist!

Chuzpe kann man es nur nennen,
wenn uns die die Heimat stehlen,
die gar keine Heimat kennen
und doch sich dreist zur Wahl empfehlen,

um mit Gold sich zu vergüten
ihrer Reden klappernd Blech.
Regieren nennen sie ihr Wüten
gegen unser Volk ganz frech.

Ich kann nichts dafür, Herr Jürgen Trittin,
daß Sie Ihr Deutschsein bedauern,
Sie können gern gehen, ich lasse Sie zieh'n,
Sie können auf Pitcairn versauern.

Ich habe im Schrank ein kleines Schwein,
gefüllt mit blanken Stücken,
wenn ich das seh', fallen Sie mir ein;
ich würde es gerne rausrücken,

als Reisegeld Ihnen schenken,
es wäre mir kein Betrag zu groß.
Da gibt es doch eigentlich nichts zu bedenken,
Sie wären dann Deutschland endlich los.

Vergessen Sie bitte nicht, im Gepäck
auch all die anderen mitzunehmen
von Ihrem rosagrünen Gefreck,
die sich für Deutschland schämen.

ZEHNTES KAPITEL

Gut geschlafen bei der Tante
hatte ich, im weichen Heu.
Manchmal lob ich mir Verwandte,
und ich fühlte mich wie neu,

als am Tisch der Duft der Bohne
lieblich aus der Kanne stieg.
Ach, wie einem eignen Sohne
hat die Tante nach dem Krieg

manche Wohltat mir erwiesen,
die Mutter hat es nicht gekonnt,
da sie selber ja in diesem
Leben nicht vom Glück besonnt.

Daß ich vom Kuchen reichlich nahm,
frisch von großen Ofenblechen,
das versteht sich. Und bald kam
auf die Flucht sie dann zu sprechen.

Wie übers Haff, auf blankem Eise
endlos lang der graue Troß
hinkroch und wie eine Schneise
voller Blut der Russe schoß.

Wie der Bombe fauchend Flug
Frauen, Kinder samt den Kranken
unbarmherzig niederschlug,
wie die Nachbarn jäh versanken,

mit denen sie noch eben sprach,
deren Kind sie an der Hand,
als die Scholle gurgelnd brach.
Wie sie im Schnee Juwelen fand,

als sie voll Durst am Schnee geleckt,
Schmuck, wie sie ihn nie besessen.
"Warum ich ihn nicht eingesteckt?
Jungchen, wir suchten nur was zum Essen".

Wie ihre Schwester, krank und matt,
ihr erstgeborenes Kind verloren,
das weder Grab noch Namen hat.
"Am dritten Tag war es erfroren.

Ich hab' es am Wegrand abgelegt,
wir mußten ja weiter wandern.
Schnell war es vom Schneesturm zugefegt,
wie all die tausend andern."

Einiges möchte ich gar nicht erwähnen
vom ganzen Elend, das sie mir beschrieben,
halb erstickt schon von ihren Tränen,
die gute Tante, wie mußt' ich sie lieben

mit ihrem Gesicht, so sorgenzerknittert,
dem grauen Haar und der welken Hand,
die mit der Kanne so sehr gezittert,
daß sie die Tasse nur mühsam fand.

Ob ich aus dem Stadtgetriebe
nicht zurück aufs Land denn wolle,
denn sie wisse, daß ich's liebe,
ob sie sich mal umhörn solle?

Häuser seien jetzt sehr billig,
viele Höfe stünden leer,
selbst wer jung und arbeitswillig,
finde keine Arbeit mehr.

Mir war auch schon aufgestoßen,
wie verwaist der ganze Ort,
manche von den schönen großen
Bauernhäusern waren fort,

abgerissen, halbzerfallen,
Bäumchen wuchsen in den Traufen
und der Wind pfiff durch die Hallen.
"Zu verkaufen! Zu verkaufen!"

stand an jedem dritten Haus.
Obwohl auch hier die Landschaft blüht,
gingen viele Lichter aus.
So was legt sich aufs Gemüt.

ELFTES KAPITEL

Der Harz ist ein großer Berg aus Granit,
er wird noch tausend Jahre stehen;
Herr Hartz ist nur ein Häuflein Schitt,
genau und bei Lichte besehen.

Er fordert die Armen auf zum Sparen,
macht ihnen das tägliche Leben sauer,
schreit selbst aber auf den Balearen:
"Wo bleiben die Weiber? Gebauer!"

Mit "Weiber" sind nicht die angetrauten
gemeint. Zu ihren Vigilien
holten die Herren, die leicht versauten,
knackigen Girls aus Brasilien.

Nun hätte wohl niemand, im Grunde genommen,
was gegen die reizenden Schönen,
nur hatte Herr Hartz so viel Geld bekommen,
er könnt' seine Nutten selber löhnen!

Im Herzen rein und stets bemüht
um des Volkes Wohl und Heil
sind unsre Größen, wie man sieht.
Bravo, Leute, "Geiz ist geil!"

dacht' ich, als ich von der Muhme
Abschied voller Wehmut nahm,
die wie viele nur die Krume
von dem Braten abbekam.

Auch in der Altmark Marktreklame
und Wahlplakate, ungezählt.
Mir gefiel ein witziger Name;
fast hätte ich Harry Glitzer gewählt;

endlich ein menschliches Angesicht,
den könnte man wählen, doch nein!
Zur Wahl stand dieser Mann leider nicht,
es war ein Plakat vom Faschingsverein.

Ja, Harry, Mensch, das war wirklich Pech!
Ich fand dich so nett und interessant.
Du lachtest so lustig und gucktest so frech,
und dann warst du auch nur ein Komödiant.

Herrlich diese Geistesblasen,
links und rechts am Wegesrand;
wenn Werbeagenturen rasen,
ist es aus mit dem Verstand.

Wettbewerb im Sprüchedrechseln,
fast wie früher, nur noch blöder.
Die Typen! Beliebig auszuwechseln:
Meyer, Müller, Schneider – Schröder.

Da hieß es groß "Auf Deutschland vertrau'n".
Mein Gott, mir rinnen gleich die Zähren.
Auf Deutschland würde ich wieder bau'n,
wenn diese Typen nicht mehr wären.

Herausragend an ihnen ist nur die Gier,
ihr lüsterner Griff in die Kassen.
Ja! Kräftig abfassen, das nennt ihr,
"sich mit dem Etat befassen"!

"Nach uns kann die Sintflut kommen",
heißt ihr Spruch, "wir leben itzt.
Drum, das Silber hergenommen
und zu unsrem Heil verschlitzt.

Grund und Boden, Post und Bahnen –
immer fort für wenig Geld,
was ererbt wir von den Ahnen,
wenn nur u n s e r Wohlstand hält."

Früher hieß es so wunderbar:
Der Edle denkt an sich selbst zuletzt.
Das stimmt noch immer, nur ist jetzt klar
ein Komma hinter "sich" gesetzt.

Dekoriert und hoch gepriesen
wird, wer es am ärgsten trieb,
die Treuhand hat es so bewiesen,
daß kein Auge trocken blieb.

Nützlich war sie – wie ein Kropf,
wie Geschwüre in der Leber,
doch sie leerte brav den Topf
für ihre dunklen Auftraggeber.

Geehrt als Europas beste Kraft,
für Milliarden Schulden; Respekt,
Frau Breuel – das war meisterhaft!
Möcht wissen, wer dahintersteckt.

Nein, besser nicht, so will mir scheinen,
wer wenig weiß, verliert schnell den Kopf,
doch wer zu viel weiß, verliert schnell seinen,
wie Rohwedder und manch anderer Tropf.

ZWÖLFTES KAPITEL

In Deutschlands grünem Herzen gibt es
Bäder, Bäder ohne Ende.
Spaßbäder sind ein beliebtes
Wundermittel der Wirtschaftswende.

Man gründet eine Spaßbad-Invest,
die für dreißig Millionen baut,
das Doppelte offiziell fördern läßt,
schon hat man Millionen – geklaut!

An solchem Investment kann jeder sich laben,
dein Onkel oder die Tante,
wenn sie ein paar Millionen schon haben
und ein paar gute Bekannte,

Dann kramt man profitabel im Dustern;
ein Minister als Freund könnt' nicht schaden,
da ließe sich schön was beiseite "schustern",
geht auch ganz Thüringen baden.

Vom Thüringer Landtag kann ich berichten:
Alle würden gern sich weigern,
alle würden gern verzichten,
die Diäten stets zu steigern.

Alle würden unverdrossen
Vorbild sein für Sparsamkeit,
jedoch der Landtag hat beschlossen,
per Gesetz für alle Zeit:

Jeder Volksvertreter m u ß
jährlich immer mehr Geld nehmen,
mehrheitlich war der Beschluß!
Sagt hier jemand was von "schämen"?

Das Volk kann nichts dagegen sagen,
es gab ja seine Stimme ab,
Zettel darf es zur Urne tragen,
und Urne klingt verdammt nach Grab.

Ein schönes Symbol für unsere Wahlen.
Wenn wir die Zettel eingeworfen haben,
darf man die Totengräber bezahlen
und seine Hoffnung begraben!

DREIZEHNTES KAPITEL

Dann hat man Beamte, hat man Minister,
die sehen als Volksvertreter sich an
und sind doch Schelme und Erzphilister,
nur selten gibt's einen redlichen Mann.

Wenn ohne Kenntnis, doch ehrgeizgeplagt,
sie sich ins Zeug dann legen,
dann denk ich immer, wie Oma gesagt:
"Bei Dummen wär Faulheit ein Segen!"

Denn sie schmieden und sie feilen
an Gesetzen, neu und herrlich,
um dem Volke mitzuteilen,
wie sie doch so unentbehrlich.

Glücklich kann man sich nur preisen,
weil ihr Wirken eingeschränkt,
weil durch diese Neunmalweisen
nicht auch der Kosmos wird gelenkt.

Denn der Welten Harmonie,
die Ordnung im Planetenlauf,
wär' fort im Handumdreh'n und nie
mehr ging' die Sonne auf!

Ja, sie würden ohne Zucken
Bände voller Paragraphen drucken,
die dem lieben Gott beweisen,
daß verkehrt die Sterne kreisen

und ein Strafgeld ihm verpassen,
diese gloriosen Helden,
weil er es tückisch unterlassen,
ein Gewerbe anzumelden.

Vielleicht käme er noch einmal davon,
wenn er sich reumütig zeigte,
fest steht jedoch, daß ohne Pardon
die IHK ihm eins geigte.

Die kennt keine Gnade, die will ihre Kohle,
auch wenn man keine mehr hat.
Wir woll'n euer Bestes, heißt ihre Parole,
Geld her, oder wir machen euch platt.

Die Menge der Egel, die an dir beißen,
zählt nach zehntausenden Köpfen,
wer immer sie sind und wie sie auch heißen,
sie wollen dich schröpfen, schröpfen, schröpfen,

selbst wenn sie dich schon blutleer sehen,
wenn du vor Schwäche schon halb benommen;
man muß nicht mehr bis nach Jerichow gehen,
um unter die Räuber zu kommen.

Es hängt ein Adler im Bundestage,
als deutsches Hoheitszeichen;
in Anbetracht der wirklichen Lage
sollt' er einer Gans lieber weichen.

Es ist wie Geschnatter die Diskussion
der hehren Volksvertreter,
da wirkt ein Adler wie blanker Hohn,
nehmt besser die Gänsefeder.

Ja, das Panier sei ein Gänsekiel,
laßt uns das Wappen umwandeln:
Wir Deutschen denken und schreiben viel
und vergessen darüber zu handeln.

Mit uns verglichen sind Gänse Helden –
sie ließen sich nicht schweigend rupfen!
Gänse würden sich lautstark melden,
wir trauen uns nicht einmal aufzumupfen.

VIERZEHNTES KAPITEL

Dem Wechselschritt der Jahreszeiten
kann auf dem Land man schwer entfliehen.
Man sieht ums Dorf die frühen Nebel ziehen,
mit einer müden Sonne streiten

und spürt am Licht: Der Herbst beginnt!
Es riecht nach Laub, nach reifem Obst und Rauch
und wie der Atem Gottes geht durch Busch und Strauch,
geht durch die Felder hier der Wind,

der schon von klarer Kälte spricht.
Wohin das Auge sich auch kehrt –
der weite Blick ist jetzt verwehrt,
die Welt, gehüllt in Dämmerlicht,

wird klein, vertraut und leise.
Nach Wochen praller Sommerzeit
spürt man den Hauch der Sterblichkeit
und zirkelt wieder enge Kreise.

Versponnen in Gedanken tief,
ging ich durch meines Dörfchens Fluren,
den Bach entlang, der glucksend rief,
folgend meinen Kinderspuren.

Hier stand einst Tante Glaubitz' Haus,
wo gastlich offen immer Tor und Tür.
Auf diesem Acker biß Freund Jumbo einer Maus
den Kopf ab und bekam fünf Mark dafür.

Dort hab ich Metzgers Herbert einst verhauen,
nun ist er tot, und heute tut 's mir leid.
Hier hofft' ich manchmal schon im Morgengrauen,
voll Spannung auf ein ganz bestimmtes Kleid.

Die Trägerin soll ungenannt hier bleiben.
So zart sie war, so groß war ihre Macht,
daß schon ihr Schatten hinter abendlichen Scheiben
mein Herz mit Träumen füllte für die Nacht.

An diese Wand, in einem Herbst vor fünfzig Jahren,
stand ich gelehnt im warmen Abendsonnenschein
und sagte mir: Ich würde gern erfahren,
wie wird es wohl in fünfzig Jahren sein.

Kann ich den Augenblick noch mal beschwören?
Kann 's sein, daß mir der Zauber noch mal leuchtet?
Ich kann 's! Ich kann die Knabenstimme wieder hören
und fühle, wie mein Aug' sich feuchtet.

FÜNFZEHNTES KAPITEL

Hier will ich rasten bei dem schönen Wetter,
vor meiner Wand aus warmem Ziegelstein.
Zwei Steine her und ein paar alte Bretter,
ich pack' die Brote aus, den roten Wein.

Und im Gedenken an Old Shatterhand
will ich ein Feuerchen entfachen.
Ich such in meinen Taschen etwas, das gut brennt,
und wie ich fündig werde, muß ich lachen.

Was aus der Tasche ich gezogen,
das war ein Weltverbesserungsmanifest,
und nun erweist sich, daß mit diesen Bogen
sich wirklich trefflich Feuer machen lässt.

Einst sollten Menschenherzen sie entzünden,
mit heißen Worten, dic der Seele abgequält;
gelang 's auch nicht, die neue Welt darauf zu gründen,
an Feuer, scheint es, hat es ihnen nicht gefehlt.

Und zwischen Brot und kleinen Rotweinschlückchen
genoß ich es, den Scheiterhaufen schön zu schüren,
nicht ohne dies und jenes Weisheitsstückchen
mir lesend noch mal zu Gemüt zu führen:

"Wenn Völker dichter zusammenrücken,
wird immer reger der Verkehr,
doch dieser Zustand hat seine Tücken;
je mehr man handelt, desto mehr

wird auch getäuscht und wird betrogen.
Des einen Irrtum kann dem anderen nützen,
wo man den Vorteil sieht, da wird gelogen,
man kann sich auf kein Wort mehr stützen.

Und so verwahrlost unsere Welt ganz sacht.
Sie weiß von jedem Ding im Nu,
von jeder Sache auch, wie man sie macht,
jedoch von keiner mehr, wozu!

Die Welt geht nieder, uns're Welt ist krank.
Und um den Kranken steh'n die Therapeuten.
Sie streiten sich voll Eifer tagelang.
Nur einen miss' ich unter all den schlauen Leuten,

den Kundigen, der erstmal diagnostiziert,
der merkt, was dem Patienten wirklich fehlt,
bevor er ihn mit tausend Mitteln therapiert,
so daß am Ende er fast tot gequält.

"Solls Fliedertee sein oder doch Kamille?
Von Pfefferminze einen frischen Guß?
Erst wenn der Kranke tot und mausestille,
erkennt man den Krebs, den man schneiden muß!

Menschen drängen sich, ersticken sich in Städten,
in kranken, die wie Eiterbeulen schwären,
aus denen in satanischen Gebeten
der Rausch, die Lust, das Laster sich gebären.

Da locken Warentempel voller Müll,
die jährlich sie voll Eifer leeren,
auf daß man neu sie wieder füll',
mit neuem Tand. Und das sie Tand begehren,

verrät als Erben sie von Sklaven,
es ist das Merkmal der niederen Rassen:
Lust am Kitzel und Angst vor Strafen;
"Wir wollen leben und leben lassen!"

Der tierische Kampf um eitlen Tand,
die Niedertracht um bloßen Schein,
der sklavische Hang zum Narrenstand,
er darf und er kann nicht ewig sein,

weil sonst jede Hoffnung schwände,
vor Gottes Urteil zu bestehen,
nicht käuflich, würdig, rein am Ende
einst ein stolzes Volk zu sehen.

Die Parteien sind weder willig noch fähig,
diesen Gedanken zu begreifen;
Volksverführer, ja, die seh' ich,
doch uns müssen Führer reifen.

Wir wollen nicht die Herrschaft der Massen,
wir brauchen Führer, die sie führen!
Sie werden sich gerne führen lassen,
wenn sie die Eignung der Führer nur spüren.

Fäulnis vor der Reife – ist Demokratie,
ein Schatz voll herrlicher Phrasen,
der blanke Zynismus, Demagogie,
die Gleichheit von Füchsen und Hasen!

Glückskinder unserer Plutokratie
sind schlaue Schwätzer, die dreist betrügen,
den Vorteil in diesem System haben die,
die den Leuten die Sterne vom Himmel lügen!

Wer mit seinem Antlitz schon, mit seiner Stirn
die Verworfenheit verrät der Seele,
findet Mittel doch mit seinem abgefeimten Hirn,
daß der gemeine Mann ins Parlament ihn wähle.

Sie segnen unter Baldachinen!
Sie sprechen Urteil in Purpurtracht!
Sie lenken Menschengeschicke und ihnen
vertraut man an die Siegel der Macht,

während Edle man verspottet und verhöhnt,
gedungene Richter die belangen,
die ehrlich sind und nicht gewöhnt,
zu kriechen und zu zischen wie die Schlangen.

Solang' nicht diese Pöbelblindheit weicht,
ist 's möglich, daß mit Finten und mit Tücken
der Sklave schamlos sich die Macht erschleicht,
um Geist und Adel zu erdrücken.

Und Sklaven knien vor ihren Sesseln!
Kein Freier beugt sich schändlichem Gebot.
Nur wer sklavisch denkt, erträgt die Fesseln,
der Freie wählt allemal lieber den Tod!

Denn nicht aus Furcht und nicht wie Knechte
dienten einstmals unsere Ahnen.
Aus freiem Willen kam die echte
Königstreue der Germanen.

Zersetzend ist die gelbe Gier,
an Pflicht zur Pflege mangelt es ihr.
Dagegen: Berufene Willenskraft
trägt die Verantwortung, ordnet und schafft.

Wo eine edle Seele wohnt,
auch edles Blut die Adern durchrollt.
Ein Volk wird nur mit Gaben belohnt,
die es im Geist schon gewollt!

Wollen – das ist der edlere Teil
des Lebens. Wollen heißt Liebe!
Was man liebt, das will man, weil
man sonst zerrissen bliebe.

Wir wollen den Volksstaat neuer Güte,
eine totale innerliche Wendung
zu neuer Größe, zu neuer Blüte,
gemäß der deutschen Sendung.

Statt ergeben sich zu schicken,
statt zu jammern und zu klagen,
heißt es dem Feind ins Auge blicken
und ihn schicksalhaft zu schlagen!

Umzusteuern gilt es den Geist,
zurück zu den edlen Pflichten.
Das strenge Gebot der Stunde heißt:
Den Ungeist um uns und in uns vernichten!

Neuen Adel muß man ziehen
aus dem alten Nordlandblute,
das einst Preußen Glanz verliehen,
dem ganzen Volk käm' es zugute.

An solchen Stützen kann man ranken
hoch hinauf zu edlen Zielen,
wenn mitunter in Gedanken
wir manchmal noch zum Mammon schielen!

Die Teufelsblume wird entblättert,
Freude am Schönen bricht hervor,
des Bösen Blendwerk wird zerschmettert,
die Herrlichkeit Gottes steigt empor!

In der kein Volk das andere zwingt,
auf seine Ehre zu verzichten.
Wer ein Volk um seine Ehre bringt,
der will dieses Volk vernichten.

Zwei Dinge wünsche ich mir auf Erden:
Nicht Gelüste, sondern Bedürfnisse stillen,
die Wirtschaft muß endlich sittlich werden!
Dem Deutschen Volk wünsche ich einen Willen.

Ich seh' schon die Diener des Kapitals,
mit Schaum vor dem Munde, frohlocken,
die willigen Knechte des mordenden Baals,
zum Gerichtsspruch zusammen sich hocken:

"Jetzt haben wir ihn, es wurde auch Zeit,
jetzt stecken wir ihn in den Bau."
Pech, meine Herren, es tut mir leid,
Es sind Sätze von Walther Rathenau.

SECHZEHNTES KAPITEL

Das Feuerchen prasselt, es stieben die Funken,
am Himmel zeigt sich das erste Gestirn.
Die erste Flasche ist ausgetrunken,
es lodern Flämmchen schon im Gehirn.

Zwei Scheite noch in die Glut gegeben
und aus dem Rucksack noch einen Roten;
wer lange trinkt, wird lange leben,
ein Prost auf das Leben scheint jetzt geboten:

So lebe denn hoch, mein Leben, du liebes,
wir sind uns so viele Jahre schon treu.
Hast du die Absicht zu gehen? Verschieb es ...
"Worauf wird getrunken, mit welchem Gebräu?

Verzeihung, ich hatte nicht vor zu stören",
sprach plötzlich eine Stimme sonor,
und aus dem Dunkel der dichten Föhren
trat männlich eine Gestalt hervor,

in einer Hand einen derben Stecken,
wallend der Bart, verwegen der Hut;
mich konnte nicht mal der Teufel erschrecken,
ich hatte genügend Rotwein im Blut.

"Ach, Sie sind es wieder", sprach ich ganz heiter,
"Sie kommen grad recht, verehrter Meister,
zum Prosit auf eine Hühnerleiter,
zwar kurz und oft voller Scheibenkleister..."

"Ich wollt, ich könnte sie noch mal besteigen,
ich würde jede Sprosse genießen",
sprach er, und auf den Rotwein zeigend:
"Könnten Sie mir auch ein Gläschen eingießen?"

Er schnüffelte, schlürfte. "Tres bon, tres bon!
Das ist der wahre Nektar!
Vermutlich ein ... Saint Emillion,
der lange gut versteckt war...?"

Aufs Haar getroffen! Mein Kompliment,
Herr Marx, das war grandios!
"Der Tropfen ist so exzellent,
das schafft nur der Franzos'.

Das ist ein Bordeaux, so erdig schwer,
den kann man ja regelrecht ... essen;
und dieses Bukett werd' ich nimmermehr
in tausend Jahren vergessen!"

Nun, tausend Jahre sind nicht verflossen,
seit wir zu zweit ..., seit die Streife ...
ich glaubte Sie damals wahrhaftig erschossen,
ich hör' noch das Kugelgepfeife.

"Das wünscht' man sich, das möchte man gern,
da scheut man auch keine Intrige,
dieweil ich immer noch einigen Herrn
schwer drückend im Magen liege.

Ja, selbst die eigenen Genossen
betrachten mich scheu und scheel
und glauben mich schon längst erschossen,
indes, die Tröpfe gehen fehl ...

bei mir hilft kein Pulver, da hilft kein Blei,
die Kugel ist nicht zu gießen,
die einen Geist tötet, es bleibet dabei:
Man kann den Geist nicht erschießen."

SIEBZEHNTES KAPITEL

Lieber Leser, ich sag es ganz offen:
Zwar ist mir, als wär' alles wirklich passiert,
jedoch war ich damals ziemlich besoffen,
gut möglich, daß ich auch halluziniert'.

Wen die nächsten Zeilen kränken,
der halte bitte mir zugute:
Es kann nicht strafbar sein, zu denken
mit drei Promille fast im Blute?

Selbst ein Mörder muß nur viel saufen,
dann gilt es als Kavaliersdelikt,
dann läßt man kurzerhand ihn laufen,
wenn er die Liebste ins Jenseits schickt.

Auch habe ich nur die Fragen gestellt:
Was er wohl meint – und ob er glaubt –
woran es liegt – und warum das Geld –
die Antworten gehen auf Mordechais Haupt.

Er wollte darüber unbedingt sprechen
und war vom Thema nicht wegzubringen.
Ich haß Politik beim lustigen Zechen,
ich würde gern deftige Lieder singen,

doch nein, kaum stimmt' ich ein Liedchen an,
von Weibern und Saufen und lustigen Tagen,
sofort begann dieser störrische Mann,
mich nach den Juden zu fragen:

Dies Volk, wenn ich es sagen soll,
begabt von Gott wie selten eines,
scheint mir zerrissen, widerspruchsvoll,
ein tragisches Volk – wie meines.

Man könnte das Salz der Erde es nennen,
bekömmlich in kleinen Prisen,
doch muß ich an dieser Stelle bekennen:
Ich kann nichts mehr hören von diesen

Lobgesängen, die es auf Sockel stellen,
man macht mir etwas zuviel Wesen,
das kleine Völkchen schlägt zuviel Wellen;
es wird ja von Milliarden Chinesen

in einem Monat nicht soviel berichtet,
wie täglich von den Jakobssöhnen.
Da wird getextet und abgelichtet,
da wird gelobt in den höchsten Tönen,

wo doch – wie überall – auch bei ihnen
es böse Exemplare gibt,
die nicht gerade dem Guten dienen,
schlimme Finger, die keiner liebt,

Heuchler, die ein Kassenbuch dort tragen,
wo von Natur aus sonst das Herz,
die ohne jeden Skrupel kalt es wagen
aufzurechnen: Geld für Schmerz.

Ich sage es laut: Ich bin kein Täter!
Ich füge mich nicht ihrem Urteilsspruch!
Und hätten schuld auch unsere Väter –
zahlten wir Deutschen noch nicht genug?

Mit Geld, mit Land, mit eigenen Tränen?
Mit Schimpf und Schande und eigenem Leid?
Könnte e i n Volk sich schuldlos wähnen
im Schatten seiner Vergangenheit?

Man kann von mir mit Fug erwarten,
das Böse nach Kräften zu verhindern,
doch darf man keine Missetaten
rächen an Kindern und Kindeskindern.

Ich wäre zu stolz, ich würde mich schämen –
das sei den Herren hier nicht geschenkt –
nur einen einzigen Groschen zu nehmen
von jemand, der meinen Vater gehenkt.

Wie soll ich wohl unbefangen betrachten,
wo gar noch Sympathie entfalten,
für Leute, die mich im Grunde verachten
und sich für Auserwählte halten.

"Verharren sie noch immer in dem alten,
dem gottverstockten Übermut,
daß sie sich für die Auserwählten halten?
Was macht den Menschen denn zum Jud'?

Erklärt der Jude sich aus seiner Religion?
Ist es nicht g'rade umgekehrt,
daß seit Jahrhunderten nun schon
sein Glaube sich aus ihm erklärt?

Was ist des Juden Hintergrund,
wie ist 's um seinen Gott bestellt?
Es ist der Eigennutz, der Schacher! Und
sein Gott hört auf den Namen Geld!

Das Geld, wohin wir immer sehen,
das ist der Juden Adonai.
Und vor ihm darf kein anderer bestehen,
mit allem Göttlichen ist es vorbei,

kein anderer Gott ist mehr erlaubt,
er hat die ganze Welt, die wunderbare,
Natur und Menschen ihres Wert's beraubt,
die ganze Welt ist nur noch Ware!

Der Gott der Juden ist von Grund auf weltlich,
es ist der Gott der Jahrmarktsbuden:
Alles ist für Geld erhältlich –
der Wechsel ist der Gott der Juden!

Und will der Jude Mensch sich nennen,
muß er als Jude sich negieren,
muß er sein Wesen als nichtig erkennen,
nur dann kann er sich emanzipieren.

Allein, er macht 's auf seine Art!
Indem er alles an sich reißt,
das Gold der Welt zusammenscharrt,
hat vielmehr der praktische Judengeist

die Christen selbst zu Juden mutiert!
Verbietet den Schacher, das Wucheramt –
schon ist es um den Juden passiert
und Menschen seid ihr allesamt."

Herr Marx, das haben Sie gesagt!
Das muß dem Zensor genügen,
Leider, leider, Gott sei es geklagt,
ich habe dem nichts hinzuzufügen.

ACHTZEHNTES KAPITEL

Langsam ging ich zu den Teichen,
wo im kühlen Wiesengrunde
und im Schatten dicker Eichen
ich als Kind so manche Stunde

lebhaft träumend zugebracht.
Und obwohl es Pfützen waren,
fingen sie die ganze Pracht
eines stillen, wunderbaren

Sternenhimmels wie ein Spiegel
mit der Wasserfläche ein,
die mir wie ein dunkles Siegel
schweigend zurief: Gott muß sein!

Doch wo waren meine Eichen?
Stümpfe ragten nur empor.
Sagt, ihr einstmals reckengleichen,
was das Ende euch beschwor!

"Stürme kamen einst gezogen,
wie wir nimmer sie gekannt.
Hätten wir uns flink gebogen,
wie die Gerten so galant,

unsre Häupter tief geneigt,
Unterwürfigkeit gezeigt –
heute würden wir noch stehen,
könntest du uns hier noch sehen."

So hört' ich die Stümpfe sprechen.
Ach, sie mußten unterliegen,
mußten ja im Sturm zerbrechen,
Eichen können sich nicht biegen!

Wenn doch Gott auch mir gewährte,
daß im Sturm der Zeit ich stürze,
statt zu zittern wie die Gerte
im Mief der Vorgesetztenfürze!

NEUNZEHNTES KAPITEL

Die Glocke schlägt zwei nach Mitternacht.
Still zieht die Ilm durch ihre Au.
Silbern im Mondschein ruht Weimars Pracht,
still schläft der Bürger in seinem Bau.

Es schläft der Tourist, der Weimar besucht
in höherem Bildungsdrange;
er hat pauschal "Deutschen Geist" gebucht.
Der deutsche Geist schläft schon lange.

Und wenn er nur schliefe, das ginge noch an,
doch längst schon verendet ist er.
Käme – wie Goethe – ein geistreicher Mann,
er würde mitnichten Minister.

Kein "Fürst" riefe heute ins Kabinett
sich einen solchen Gott,
wenn Michel eine Sonne hätt',
kämen die Funzeln schnell auf den Schrott.

Ein Schiller heute würde ganz schnell
in jeder Beziehung stranden.
Mit Sätzen wie aus seinem "Tell"
kann man im Knast schnell landen.

"Nichtswürdig", schreibt er, "ist die Nation,
die um ihre Ehre mit Freuden nicht ficht!"
Bei uns ist es heute schon Staatskanon:
Der Deutsche hat keine Ehre nicht!

Er schrieb, man solle ans Vaterland
mit ganzem Herzen sich schließen.
Dort seien die Wurzeln aus denen uns
beständig die Kräfte neu sprießen.

Drum haben wir kein Vaterland,
drum sollen wir keins haben.
Man hat uns verkauft, von ganz langer Hand,
von Pommern bis nach Schwaben.

Wer Deutschland den Deutschen geben will,
gilt hier als Volksverräter,
den macht man schnell des Mundes still,
d e n macht man hier zum Täter.

Doch wenn ein Mitglied im Parlament
dazu aufruft, Deutschland zu hassen
und alle Deutschen Verbrecher nennt,
wird sich kein Richter damit befassen.

Ich könnte Namen und Anschriften nennen,
von so manchem Widerling,
der möchte, daß deutsche Städte brennen,
daß Dresden noch einmal Feuer fing'.

Ich frag die Regierung mit tiefem Grollen:
Wohin, ihr Herren, geht euer Streben?
Wenn wir Deutsche Deutschland nicht haben sollen,
wem wollt ihr Deutschland dann geben?

Wem soll denn Deutschland am Ende gehören?
Ich glaube, ihr wißt es sehr gut,
Beim Bart des Propheten – ich könnte beschwören:
ihr seid nicht so dumm, wie ihr tut.

Der umerzogene Deutsche glaubt jetzt
er sei Demokrat und weltoffen –
mein Michel, du hast dich schwer verschätzt,
dein Fell wird hier lustig versoffen!

Es hallt mein Schritt übers Kopfsteinpflaster
in Weimar, am Frauenplan.
Ich kann nicht schlafen, das deutsche Desaster,
es treibt mich noch in den Wahn.

Und wenn ich der letzte Wachende wäre
und drohte man mich zu erschlagen -
nie werde ich meine Mannesehre
wie ein Krämer zu Markte tragen.

Ich gebe nicht preis die deutsche Erde,
ich halte hoch den Schillerschen Satz:
"Steh zu deinem Volk! Was auch draus werde –
es ist ein angeborener Platz".

Und was noch bei Schiller steht:
"Ew'ge Schmach dem deutschen Sohne,
der die angebor'ne Krone
seines Menschenadels schmäht"!

ZWANZIGSTES KAPITEL

Du dicker Mond, du gelber Mond,
du zogst schon deine Trasse,
als Goethe noch dort vorn gewohnt,
am Ende der Seifengasse.

Hier ging er lang zur Frau von Stein,
hier hat es ihn durchgetrieben.
"Ich kann ohne Dich nicht sein",
hat er ihr oft geschrieben.

Er liebte, litt, war voller Zweifel,
der Genius goß es in ein Gedicht.
Heut fragt der Philister nur: Zum Teufel!
Hat er mit ihr, oder hat er nicht?

Trieb er 's mit ihr auf einem Stuhl,
auf einer Treppenstiege?
Hatte er Syphilis? War er gar schwul?
Wer lag auf seiner west-östlichen Liege?

Goethes Husten und Goethes Geschwür,
Goethe als Gärtner und Goethe als Richter,
als Kenner von Bratwurst und schwarzem Bier –
O Volk der Denker und Dichter.

Sprich, guter Pausback, gelb und heiter,
sag, lieber guter alter Mond,
ist heut die Welt, das Volk gescheiter?
Hat Goethes Wirken sich gelohnt?

Heißt das gebildete Nation,
heißt das den Dichter verstehen,
wenn wir – dem Genius zum Hohn –
uns seinen Unterleib besehen?

Still schweigt der Mond, der Mond schweigt still,
er ist wohl doch ein Weiser.
Wer nicht zu Toren sprechen will,
wird leis' am End und leiser.

EINUNDZWANZIGSTES KAPITEL

So zieh ich sinnend meine Runde,
bis zum verwaisten Frauenplan.
Dort packt zu nächtlich früher Stunde
mich Wanderer der blanke Wahn:

Vom Goethehaus, durch alle Scheiben,
erstrahlen Kerzen hundertfach,
und ein gar wunderliches Treiben
herrscht unter seinem alten Dach.

Voll Neugier halb und halb erschrocken,
werf ich durchs Fenster einen Blick
und, mir will fast der Atem stocken,
ich seh den großen Meister – sic!

Mit ruhig abgemeßnen Schritten,
die Brust gereckt, mit Ordensstern,
so wandelt er – ein Fürst – inmitten
einer Gesellschaft feiner Herrn.

Ich bin perplex, ich steh' gebannt,
mein Herz, es schlägt wie wild.
Ich fühl' den Puls an meiner Hand,
ich schließ die Augen, doch das Bild,

es scheint real, kein Geisterspuk,
es will und will nicht weichen.
Und dann, als wär's des Guten nicht genug,
gibt Goethe mir ein Zeichen!

Sein klarer Blick hat mich visiert,
wie wird mir angst und bange,
doch willenlos, hypnotisiert
wie ein Kaninchen von der Schlange,

zieht 's magisch mich zum Eingang hin,
gehorchend stummem Rufe.
Die Tür springt auf, schon bin ich drin
und Stufe folgt auf Stufe.

Ich steh' vor ihm und stammle bloß:
"Wie komm ich zu der Ehre?"
"Ei, mach er sich nicht in die Hos',
sagt Goethe nur, der hehre.

"Wir sind hier versammelt zu löblichem Tun
im kleinen Kreis, von Zeit zu Zeit;
der Tätige kann auch als Geist nicht ruh'n,
nutzt gerne die Gelegenheit

und holt so aller hundert Jahr
sich von der Straße einen Mann,
der unserer munteren Geisterschar
die neueste Zeitung bringen kann.

Und diesmal fiel uns leicht die Wahl,
die wir gemeinsam trafen,
stand er allein doch vorm Portal,
derweil die and'ren Deutschen schlafen!"

ZWEIUNDZWANZIGSTES KAPITEL

"Wohlan", sprach ich in dem Versuch,
den Schrecken mannhaft zu meistern,
und das war wirklich schwer genug,
wer hat schon Umgang mit Geistern,

"wohlan, ich steh' Euch Rede prompt,
solang Ihr wollt, geduldig,
doch für jede Antwort, die Ihr bekommt,
seid Ihr mir auch eine schuldig!

"So soll es sein", sprach er jovial,
"folg' er mir nach, ich mach' ihn bekannt
mit einer auserlesenen Zahl
der Größten und Besten aus unserem Land.

Ich freue mich schon auf seine Geschichten,
von heutiger Kunst, was die Künstler so treiben.
Vor allem muß er getreulich berichten,
worüber und wie die Deutschen heut' schreiben."

Geschrieben wird, daß einem bangt,
das heißt, es wird gekritzelt,
weil es zum Schreiben nicht mehr langt,
man bringt, was die Masse kitzelt.

Ob eine Mätresse schwanger wird,
ein Sänger sich reich gesungen,
ein Staatschef sich ins Bordell verirrt –
gleich wird die Feder geschwungen

und losgedruckt, daß die Bögen fliegen
in schwindelerregenden Zahlen.
Sie lügen, daß sich die Balken biegen,
Gottes Wald wird für Schund zermahlen.

Man kann sich nicht genug beeilen,
Genies zu kreieren von Mal zu Mal.
Zu Ihren Zeiten wären die Zeilen
grad gut genug für ein schlechtes Journal.

"Nein, nein, mitnichten, ach, geh er!
Ich trug zwar eine Gloriole,
berühmter aber war mein Schwäher,
der Vulpius, mit seiner Räuberpistole.

Zu jeder Zeit hat der tiefe Mann
es schwer beim Publikum.
Gefällig Seichtes kommt immer an;
der Strebende schert sich nicht drum.

Ich sah mir die Werke der Meister an,
dann meine Siebensachen,
bemerkte, was sie besser getan,
und was ich hätt' sollen machen."

Tät' so auch unsere schreibende Zunft,
wär's besser um sie bestellt;
so schreien sie laut vor der Niederkunft
und bringen dann Zwerge zur Welt,

abscheuliche Monster, manch Fehlgeburt,
nur selten ein Kindlein fein;
die Dirne, die schamlos um Groschen hurt,
wie könnt' die auch fruchtbar sein?

Doch liest man Bücher nur noch selten.
Wir haben Geräte uns konstruiert,
die bringen blitzschnell, aus fernsten Welten
Nachricht ins Haus, wenn etwas passiert.

Wenn, sagen wir in der Türkei,
die Völker aufeinanderschlagen,
ist jetzt der Bürger selbst dabei,
nicht nur an Sonn- und Feiertagen.

Man sitzt am Tische, trinkt sein Gläschen aus,
und ist aufs Neue jeden Tag betroffen,
sieht man beim Morgen- oder Abendschmaus
zehntausend Inder verhungert und ersoffen.

"Ei, die Erfindung ist dennoch genial!
Ein kluger Fürst, in kurzer Zeit,
könnt Bürger bilden ohne Zahl;
da ist die Kulturnation nicht weit!"

Man könnte wohl, man tut es nicht!
Ich gäbe was drum, zu ergründen,
warum man statt zu Sitte und Pflicht
das Volk verführt zu Sünden.

Es brechen die Dämme, es bricht die Moral,
überall sieht man es kriseln,
doch täglich erhöht sich der Sender Zahl,
die Schmutz und Blödsinn verrieseln.

Sechs Beiträge von zehn sind ekelhaft,
Gott möge mich Lügen strafen,
die Könige haben wir abgeschafft,
jetzt herrschen die Porno-Grafen.

"Und im Theater, wie sieht es da aus?
Ich hoffe, es gibt recht viele?
Gilt da des Publikums Applaus
dem Mimen mit höherem Ziele?"

Ein Regisseur, der auf sich hält,
zeigt schon im ersten Akt,
wie es um seinen Geist bestellt;
für ihn heißt Akt eben nackt.

So einem "Genie" ist alles gestattet,
was heißt da schon Manieren.
Daß man sich auf der Bühne begattet,
das kann kein Kind mehr genieren.

"Was delikat, darf man nicht enthüllen,
das steht einmal fest auf Erden.
Die Bühne kann alle Zwecke erfüllen,
ohne peinlich dabei zu werden.

Doch hör er – gegen solche Not
sollt er sich nicht sträuben.
Wirbelwind und trocknen Kot
läßt man dreh'n und stäuben.

Vergebens werden ungebundne Geister
nach der Vollendung reiner Höhe streben.
In der Beschränkung zeigt sich erst der Meister,
und das Gesetz nur kann uns Freiheit geben."

Doch dies dem Volke beizubringen ...
das heißt fürwahr mit Windmühlen fechten.
"Man kann die Wahrheit nicht oft genug singen!
Man tut 's ja beständig auch mit dem Schlechten,

Der Irrtum wird uns täglich servieret,
in Büchern und in Journalen zu Hauf,
und von der Majorität hofieret
sitzt er behaglich und fett obenauf!

Dem Irrtum baut man breite Wege,
und zwar mit Freude, der Wahrheit nicht,
deshalb braucht sie beständige Pflege,
sie ist ein gar kleines, flackerndes Licht."

In Deutschland ist es grad dabei,
für immer zu verblassen.
Was Wahrheit und nicht Wahrheit sei,
muß man dem Staat überlassen,

ja, schon der Zweifel zeitigt Strafen,
könnt' Jahre dir der Freiheit rauben.
Durch einen ganz bestimmten Paragrafen
ist es verboten, Dinge n i c h t zu glauben.

"Unselig Volk, ich kann 's nicht anders sagen,
es will sich selber nicht verstehen.
Das Schicksal wird es darob schlagen,
es wird mit ihm nicht gut ausgehen."

DREIUNDZWANZIGSTES KAPITEL

Ich folge Goethen, indem er so spricht,
mein Schritt ist fest, doch hüpft das Herz.
Mein Blick geht rund und trifft das Gesicht
eines Mannes wie aus Stahl und aus Erz!

Wer ist dieser Recke, der wie eine Eiche
am unteren Ende des Tisches sitzt,
und wie Achill, der Göttergleiche,
mit stahlblauen Augen zu mir blitzt?

Mir scheint ..., gewiß ..., ich kann gar nicht irren,
du bist, du mußt Herzog Hermann sein.
Ich meinte, du zogest mit Waffenklirren
nicht hier, sondern in Walhalla ein.

"Ich bin nicht nur Fürst im Reiche der Geister,
war auch im Reiche des Geistes ein Held.
Mit Geisteskraft ward' ich des Römers Meister,
besiegte ich Varus im Kampf auf dem Feld."

Doch brachte der Römer Kultur nicht dem Lande,
Wissen und Bildung, gesellig Verkehr?
Baut' er nicht Straßen auf kargem Sande?
Sprach er nicht Recht? Was wolltet ihr mehr?

"Er hätte uns vorher fragen sollen,
ob 's uns nach seinen Geschenken verlangt,
ob wir die Segnungen haben wollen,
dann hätten wir ihm vielleicht anders gedankt!

Ich war in Rom, ich habe gesehen,
die freien, die römischen Sitten;
das sollte in Deutschland nicht geschehen!
Das hätte ich nie gelitten,

daß Frauen und Mütter in Kneipen buhlen,
wie Sauen wohlig im Dreck
des Sumpfes voll Genuß sich suhlen.
Wie schließlich gar der ganze Zweck

des Lebens sich im Golde endet
und Ehre, Treue nichts mehr gilt.
Ich tat nach außen hin geblendet,
doch war ich innerlich gewillt,

des Römers Art nur zu studieren,
wie stark sein Heer und sein Soldat,
um meine Männer gut zu führen
zur großen Schlacht mit gutem Rat.

Und wären die Sitten auch besser gewesen –
es waren unsere Sitten nicht!
Es paßte nicht zum deutschen Wesen
das römische Paragraphengericht.

Was nutzt Pergament und Farbereiben,
wenn man den Freund damit bügelt?
Da will ich lieber ein ‚Wilder' bleiben,
der sein Geschäft mit dem Handschlag besiegelt

und treu dazu steht, bis der Fenris-Wolf fällt!
Doch Schluß mit dem Minnen an jene Tage,
nicht dazu bist du hierher bestellt,
jetzt komme ich zu meiner Frage:

Sind Tuiscos Söhne noch treu ihrem Lande,
heben sie stolz noch ihr goldenes Haupt?
Oder schlug sie der Römer in Sklavenbande,
sind meine Brüder der Freiheit beraubt?

Wird denn mein Name voll Stolz noch genannt,
wenn man von deutschen Helden spricht?
Bin ich den Barden noch allen bekannt?
Vergessen die Söhne und Enkel mich nicht?"

Viele nennen deinen Namen
als einen, der nichts Gutes gebracht –
daß Kunst und Kultur so spät zu uns kamen,
daran sei schuld deine siegreiche Schlacht.

Die Freiheit, die du und spätere Helden
mutig verteidigt mit ihrem Blut,
d i e F r e i h e i t ist tot, leider muß ich es melden,
doch kaum einer vermißt dieses hohe Gut.

Den herben Geschmack eines freien Lebens
liebt niemand in diesem Zwergengeschlechte.
Du suchst ihn bei deinen Enkeln vergebens,
zuchtlos sind sie, es sind zuchtlose Knechte!

Man braucht nur im Lande sich umzuschauen,
dann tut es einem im Innersten weh,
nicht, daß du gesiegt in Teutoburgs Auen,
nein, daß ich heut keinen Hermann seh'.

Ich sehe nur eine erbärmliche Brut,
blutarm von frühester Jugend,
in deren Herzen nur Asche, nicht Glut,
ein Volk, fast bar jeder Tugend.

Sie wollen auf Bärenhäuten liegen,
doch keinen Bären mehr jagen,
sie wollen den Braten geliefert kriegen,
getragen werden, nicht tragen.

Und was die Sitten betrifft in Rom,
ich glaube, sie wären dir lieber
als unsere Sitten am Elbestrom,
die schlimmer noch als am Tiber.

Kein Laster gibt 's, das nicht ausgeübt,
keinen Kitzel, der nicht erprobt wird,
alles Reine wird mit Schmutz gleich getrübt
und der Schurke ist 's, der gelobt wird.

Da schändet grausam man kleine Kinder
und freut sich an ihren Qualen,
weiß doch der Täter, der Staat straft ihn linder
als Verbrecher, die Steuern nicht zahlen.

Sie paaren sich in der Öffentlichkeit,
grob reizend gemeine Sinne.
Das Zarteste treten sie johlend breit
und lassen nicht Platz mehr für Minne.

"O Donnerer Donar! Bei meinem Bart,
nimm deinen Zermalmer, erschlag es,
dies ruchlose Volk von Sklavenart,
wenn 's geht, noch vor Anbruch des Tages!"

VIERUNDZWANZIGSTES KAPITEL

Es fuhr kein Blitz durchs nächtliche Haus,
es folgten auch keine Strafen,
das göttliche Donnerwetter blieb aus.
"Mir scheint, auch die Götter schlafen,"

wetterte Hermann mit blitzendem Blick,
"jetzt kann Ragnarök nicht mehr weit sein.
Nun gellt bald Gjallr-Horn Göttergeschick,
wohlan, mein Schwert wird bereit sein."

Die Götter sind tot! Laß stecken dein Schwert!
Uns muß kein Donar mehr richten!
Wir sind dabei, unser Heim und den Herd
von Grund auf selbst zu vernichten.

So gründlich, wie es kein Feind je geschafft,
wie Donar es selbst nicht vermocht.
Im Zwiespalt vergeuden wir Lebenskraft,
sind wie ein Licht ohne Docht!

Freund Tacitus, der lobesvoll
Lorbeer um dich gerankt hat,
beschrieb ja schon, wie dir so toll
das eigene Volk gedankt hat.

Sein eigenes Kind, dein holdes Weib
Thusnelda, gab ja Segestes
den Römern hin. In ihrem Leib
trug sie deinen Sohn, dein Bestes!

Du selbst, im Kriege unbesiegt,
vom Feinde geehrt als ein Held,
hast schnöden Lohn vom Volk gekriegt –
durch Gift hat man dich gefällt!

"So hat der Römer doch noch gewonnen,
so ging Germanien doch noch verloren …
Walvater ist uns nicht günstig gesonnen!
Ward nach mir kein Held mehr geboren?"

Gar viele Helden sind noch gefallen,
die Deutschland schützten mit Erz.
Millionen fuhren zu Hels düstren Hallen.
Was übrig geblieben, hat Hasenherz,

hat keinen Schneid mehr, hat wenig Wert;
die Schmach wird gar nicht mehr gespürt.
Auch kommt der Feind nicht mit dem Schwert,
er wird mit Kränzen ins Land geführt!

Muspels Söhne, von Surtur geleitet,
kommen nicht kämpfend geritten,
es wird ihnen reichlich die Tafel bereitet
von unseren Führern, sie sind wohler gelitten

als Asa-Thors Söhne auf heimischer Erde.
Sie suchen sich Midgard als Wohnstätte aus
und kommen fordernd, mit frecher Gebärde,
als Gast fühlt der Herr sich im eigenen Haus.

"Zur Not noch kann man den Fremden verzeihen,
sie wollen ein neues Land sich erringen,
nicht den Verrätern in den eigenen Reihen,
die müssen über die Klinge springen,

so man noch Naglfar stoppen will,
so noch die Welt nicht am Ende",
sprach Irmin ernst und gab mir still
sein ruhmreiches Schwert in die Hände!

FÜNFUNDZWANZIGSTES KAPITEL

Verschwunden war er, wie Geister verschwinden,
ein frischer Hauch nur blieb zurück
von Wildnis und Wald, von Eichen und Linden,
von wilder Männerfreiheit ein Stück.

Das war ein Kerl, sprach ich zu Goethe,
von Teutos Furor der Inbegriff,
ein Blitz aus Deutschlands Morgenröte ...
"Ein Diamant zwar, doch ohne Schliff,"

entgegnete kühl der Geheime Rat,
"für den zu erwärmen mir schwer wird.
Es reicht nicht allein die kühne Tat,
man muß wissen, was hinterher wird."

Wer kennt schon das Stück, gab ich zu bedenken,
solang noch der Vorhang gesenkt ist?
Wir glauben, unsere Schritte zu lenken,
und tun, was vom Schicksal verhängt ist!

"Ei, ei, sieh da! Ein kleiner Poet?
Das Stücklein könnte von mir sein!"
Ein Nachtbummler ist es, den Ihr hier seht,
wär die Kneipe auf, würd' ich beim Bier sein!

Dort ist der Kampfplatz der Nation.
Bei Bierdunst und Tabakschwaden
kann man gemütlich die Revolution
auf die Häupter der Führer entladen.

Da richten und henken sie unbedenklich,
da zücken im Geist sie die Messer,
weil die Regierung so unzulänglich,
und morgen wird alles viel besser.

Ja, morgen! Morgen schleichen sie still
ins Amt, wo sie alles vergessen,
denn wenn man die Revolution auch will,
noch lieber will man sein Essen.

Revolution, ganz nüchtern betrachtet,
ist grausam und ohne Erbarmen.
Womöglich wird man abgeschlachtet,
da ist es doch schöner im Warmen.

Der Deutsche war immer ein Untertan,
er war es und ist es geblieben.
Er trottet getreulich in seiner Bahn,
nur fehlt ihm ein Kaiser zum Lieben.

"Und ist es nicht besser, alles zu nehmen,
so wie es kommt und kommen muß?
Auch mir mochte nicht immer alles bequemen,
doch fügt' ich mich weise manchem Verdruß."

Trotzdem! Es bäumt sich mein Innerstes auf,
seh' ich mein Volk so versacken.
Ein richtiger Kerl möcht – bei vollem Lauf –
dem Rad in die Speichen packen.

"Wer immerdar nach Schatten greift,
kann stets nur leere Luft erlangen:
wer Schatten stets auf Schatten häuft,
sieht endlich sich von düstrer Nacht umfangen!

Was Völker sterbend hinterlassen,
das ist ein bleicher Schattenschlag:
Du siehst ihn wohl; ihn zu erfassen,
läufst du vergeblich Nacht und Tag."

Wenn man wie Sie olympisch thront,
fällt man auf keinen Wahn rein,
doch wer bescheiden irdisch wohnt,
der darf auch mal spontan sein.

Wohl schätze ich Ihre Lebensart
als weise und vorzüglich,
Ihr Faust ist wirklich sehr apart,
ich finde ihn vergnüglich,

indes, so hoch ihre Werke auch ragen,
ich stehe trotz allem nicht an,
bei aller Politesse, zu sagen:
Für mich ist Schiller der bessere Mann!

"Schiller? Das sollten wir besser lassen!
Das ist ein Thema, das mich heikel berührt.
Ich möchte mich damit nicht befassen,
weil mich das irgendwie ennuyiert."

Wie das? Sie gelten als Freunde hienieden,
steh'n vor dem Theater als Bronzepaar.
"Wir waren von Haus aus völlig verschieden!
So lieb und so teuer er mir auch war –

er war zu gewaltsam in seiner Natur,
verstrickt in seinen Ideen.
Ich hätte ihn lieber in meiner Spur,
in gebändigter Ordnung gesehen!"

So, wie Sie Eckermann, Ihren Getreuen,
bestimmt in die rechte Bahn gewiesen?
"Ja, Himmel und Herrgott, mußt' er 's bereuen,
man kennt ihn doch nur, weil er mich gepriesen!"

Wie dem auch sei, ich nehm' Sie beim Worte,
das ich von Ihnen beim Eintritt erbeten:
Lassen Sie Schiller durch diese Pforte
zu einem kurzen Gespräch mit mir treten!

"Nun, wenn Sie mit aller Macht darauf drängen,
mag es geschehen, dann soll es halt sein,
doch werde ich mich nicht dazwischenhängen,
Sie sprechen bitte mit ihm allein!"

SECHSUNDZWANZIGSTES KAPITEL

Kaum war das Wort geäußert, ward mir bange,
fast hätt' den schnellen Wunsch ich revidiert,
doch schon erschien, mit hellem Glockenklange,
des großen Mannes Geist, herbeizitiert.

Nicht Neugier war 's, die mich dazu gebracht,
in Ihrer heil'gen Ruhe Sie zu stören.
Der tiefe Wunsch gewann in mir die Übermacht,
die Wahrheit aus beruf'nem Mund zu hören,

die Schleier aufzuheben, die auf Ihrem Ende liegen,
der Rätsel Dunkel, das Ihr Grab umhüllt,
vielleicht am Ende noch ein Manneswort zu kriegen,
das mir mein Herz mit frischer Zuversicht erfüllt.

"Ich war kein Jüngling mehr, doch auch nicht alt,
glaubte jede Krankheit überwunden,
im Kopf gewann ein neues Drama grad' Gestalt,
die ersten Szenen waren schon gefunden,

da trat der Tod mich Armen an!
Es war mir keine Frist gegeben;
ich stürzte, mitten in der Bahn,
es riß mich fort vom vollen Leben.

Ich fragte: Welt, wo bist du? Kehre wieder,
holdes Blütenalter der Natur!
Doch wie ein fernes Echo süßer Lieder
verklang im Orkus meine Lebensspur".

Das heißt, es bleibt auf ewig ungeklärt,
woran Sie starben, ob man Sie gemeuchelt,
und wer von denen, die in Trauer sich verzehrt,
in Wahrheit seine Trauer nur geheuchelt ...?

"Was frommt 's, den Schleier aufzuheben,
wo das nahe Schrecknis droht?
Nur der Irrtum ist das Leben,
und das Wissen ist der Tod.

Doch träum' ich? Ist mein Auge trüber?
Nebelt 's mir ums Angesicht?
Ging dort Goethe nicht vorüber?
Und mein Goethe kennt mich nicht?"

Er wird seine Gründe haben,
Ihren Weg nicht mehr zu schneiden,
seinen Fritz, den braven Schwaben,
in der Geisterwelt zu meiden.

Daß er nicht verhindert hat,
Sie ins Massengrab zu senken,
war schon eine schlimme Tat,
Schlimm'res mag ich gar nicht denken …

Ist es Neid, der an ihm zehrt,
ihm die bösen Stiche gibt?
Goethe wird als Geist geehrt,
aber Schiller wird geliebt,

ob seines männlich kühnen Mutes,
als deutscher Freiheit fester Hort,
als Künder eines höchsten Gutes!
Auf Sie trifft zu Ihr Dichterwort:

Von des Lebens Gütern allen
ist der Ruhm das höchste doch:
Wenn der Leib in Staub zerfallen,
lebt der große Name noch.

Aber, frag ich, reichen Namen,
wenn der Geist nicht mehr erhellt,
wenn des Wortes Göttersamen
nur auf Fels und Wüste fällt?

Wenige, die deutsch sich heißen,
wenden sich der Tugend zu,
doch wo Glitter lockend gleißen
zieht 's die Masse hin, im Nu.

SIEBENUNDZWANZIGSTES KAPITEL

"Was ist die Mehrheit, sie ist ohne Sinn,
Verstand ist stets bei wenigen gewesen!
Wem gibt der Bettler seine Stimme hin?
Der Staat ist krank und wird nur schwer genesen,

wo man die Stimmen zählt. Man muß sie wichten
oder sichren Untergang erleiden.
Unerbittlich wird das Leben richten,
wo Unverstand und Mehrheiten entscheiden!"

Das sieht man ja, wie hierzulande
der Demos herrscht so wunderbar;
der Väter Erbe ward zu Schande,
die Republik erkühnte sich sogar,

am Grund des Sittlichen zu rütteln,
an allem, was einst heilig war.
Man kann vor Ekel täglich sich nur schütteln,
so dummdreist bietet sich das Laster dar.

Was früher allenfalls geduldet
als ein von Gott gewollt Verhängnis,
dem wird jetzt Hochachtung geschuldet.
Es wird gefeiert wie ein Festbegängnis,

wenn Landesfürsten nur noch Knaben lieben
und Liebe zwischen Mann und Frau verachten.
Die Schreiberlinge applaudieren zu den Hieben,
mit der die Frevler edle Wurzeln schlachten!

Wünschst du ein Amt für dich,
in der Regierung einen hohen Stuhl?
Mit allen guten Sitten brich,
sei abartig, am besten schwul!

Beschimpf dein Volk in üblen Tönen,
bewirf mit Dreck die Tradition,
du kannst die Ehe, alle Religion verhöhnen,
der Presse Beifall ist Dein sichrer Lohn.

"Wankt die Religion im Lande,
Freund, dann wankt sie nicht allein,
zu allem Schlechten ist man dann imstande,
und alle Schranken reißt man willig ein.

Jedoch – wo rohe Kräfte sinnlos walten,
da kann sich kein Gebild' gestalten;
wenn sich die Völker selbst befrein,
da kann die Wohlfahrt nicht gedeihn."

Wer aber soll die Masse führen,
die sich so schlau wie nie zuvor jetzt glaubt,
so, daß den Wahnsinn sie schon nicht mehr spüren?
Der Hirten hat man sie schon längst beraubt;

es sind nur Hammel, die das Hirtenamt bekleiden,
auch wenn wie Wölfe sie sich gern gebärden,
weil sie vom wahren Wolf auf Feld und Weiden
bestellt zu ersten Schöpsen ihrer Herden!

Ja, Hammel sind es, werden 's immer bleiben,
und an der Spitze nur so lang gelitten,
wie sie die Schafe brav zur Scheerbank treiben,
es sind nur Widder, die man schlau verschnitten!

Kein Wunder, daß in einem lautem "Bäh"
erschöpft sich ihre Meisterschaft,
daß ich kein neues Leben seh –
sie haben, sie hatten nie Zeugungskraft!

"Laß er die Hammel auf den fetten Weiden,
die Freiheit ist ein karger Ort.
Der Starke weiß zu wählen zwischen beiden.
Und ihm zum Troste noch ein Abschiedswort:

Es liebt die Welt, das Strahlende zu schwärzen
und das Erhabne in den Staub zu zieh'n;
doch fürchte nicht! Es gibt noch schöne Herzen,
die für das Hohe, Herrliche entglüh'n.

Ein Gott ist, ein heiliger Wille lebt,
wie auch der menschliche wanke,
hoch über der Zeit und dem Raume webt
lebendig der höchste Gedanke."

EPILOG

Ist auch das Herz noch lang nicht freigesungen –
ein wenig Luft ward doch der arg bedrückten Brust.
Der Presse Urteil hör ich schon: Total mißlungen!
Ihr Kritikaster – eure Meinung hab ich schon gewusst,

bevor ihr lesen konntet, was ich schrieb.
Es geht am A... vorbei mir, wie ihr richtet,
ihr könnt und werdet nie erahnen, was mich trieb,
auf euren Beifall wird hier wahrlich gern verzichtet.

Um Lob von Mietlingen wie euch zu kriegen,
müßt' ich entäußern mich der Ideale ganz,
müßt' speichelleckend ich im Staube liegen -
aus eurem Haß erwächst mir erst der Lorbeerkranz.

Ist euch mein Ton zu ätzend, zu bedrückend?
Ich habe noch genügend andere Töne,
um dereinst himmeljauchzend und entzückend
den Hymnus anzustimmen auf das Schöne,

das ihr zerstört glaubt, weil vom Schmutz bedeckt.
Es kommt der Tag, da jubelt meine Leier,
da ist der große Drache hingestreckt!
Dann sing' "te deum" ich zur Siegesfeier!

Ja, auch wir Dichter können Kriege führen.
Und steh'n auch Panzer uns nicht zu Gebot –
auch Worte sprengen Tore auf und Türen,
und die Verräter schießen wir mit Tinte tot!

Die Waffenkammer ist gefüllt mit Sätzen,
mit Abwehr- und mit Angriffswaffen,
mit einem Reime können tödlich wir verletzen,
Respekt mit einem Distichon uns schnell verschaffen.

Allen Freunden will ich tröstend sagen:
Bleibt fest im Herzen und macht stark die Hand!
Es gibt ja keinen Grund, daß wir verzagen,
noch haben wir ein Vaterland!

Und unser ist 's, wir sind durch Gott hineingeboren,
unser Anteil ist es an der Erde.
Und wenn, dann geht es nur durch uns verloren.
Seht zu, daß jeder von euch selber Heimat werde!

STICHWORTVERZEICHNIS

Adonai

Aus dem Hebräischen, Mehrzahl von adon: "Herr" – der Name Gottes, den die Juden überall dort setzen, wo in der Bibel der Gottesname (JHWH) steht, dessen wirkliche Aussprache unbekannt ist.

Alexis, Willibald

(1798 -1871) Eigentlich Georg Wilhelm Heinrich Haering (Häring), deutscher Schriftsteller und Dichter hugenottischer Abstammung, auch als der "märkische Scott" bezeichnet. Gilt als Begründer des historischen Realismus in der deutschen Literatur. Zog sich 1853 ins thüringische Arnstadt zurück, wo er, an den Rollstuhl gefesselt, bis zu seinem Tode im Jahre 1871 blieb.

Asa-Thor

Thor — einer der Asen, der nordischen Götterfamilie. Bei allen germanischen Stämmen, besonders aber bei den Nordgermanen verehrt, gleichbedeutend mit dem südgermanischen Donar, dem Donnergott. Thor galt als die Hauptstütze und Beschützer der Asen in ihrem Kampf gegen die Riesen.

Augias-Stall

Sprichwörtlich für eine Riesenschweinerei. Nach dem sagenhaften griechischen König Augias, der bekannt für seinen Reichtum an Viehherden war. Herakles (Herkules) bekam von den Göttern die Aufgabe, die total verdreckten, weil seit Jahrzehnten nicht gereinigten Ställe an einem Tage zu säubern, was er genial löste, indem er zwei Flüsse durch den Stall strömen ließ. Es ist ungewiß, ob sich das Beispiel in

Deutschland nachahmen ließe, da wahrscheinlich das Wasser von Elbe und Rhein zusammen nicht ausreichen würde.

Bach, J. Sebastian
(1685 -1750) Bekanntestes und bedeutendstes Mitglied des weitverzweigten Musikergeschlechts. Berühmter Organist und Komponist, einer der größten Tonschöpfer aller Zeiten und Länder. 1703 bis 1707 Organist in Arnstadt, das er trotz ungewöhnlich hoher Vergütung für immer verließ, nach mehreren heftigen Zusammenstößen mit seinen Vorgesetzten, die für seine Genialität wenig Verständnis hatten.

Barden
bei den Germanen auch Skalden oder Skopen genannt. Sänger, die nicht nur eine scharfe Zunge, sondern meist auch ein scharfes Schwert führten, mit ihren Gesängen zum Kampf aufreizten und die Taten großer Helden im Gedächtnis der Gemeinschaft lebendig erhielten.

Becher, Johannes R.
(1891 - 1958) Dichter und Schriftsteller, der seine gutbürgerlichen Eltern nach einem Selbstmordversuch mit expressionistischen Werken erschreckte, nach einer religiösen Phase gläubiger Kommunist und später in der DDR Kulturminister wurde wobei er als solcher ständig Politik mit Poesie verwechselte.

Bismarck, Otto v.
(1815 - 1895) Schöpfer und erster Kanzler des neuen Deutschen Reiches, dem bereits 1900 aus Dank für seine

gewaltige Leistung über 300 Gedenksteine, Säulen und Türme errichtet worden waren. Im heutigen Parteienbetrieb ohne Chancen auf einen Wahlkampfplatz.

Bosporus
Meeresenge zwischen dem Schwarzen und dem Marmarameer, sinnbildlich für die Türkei insgesamt, die angeblich zu Europa gehören soll.

Bratwurst
Thüringer Volksnahrungsmittel, in dessen Schatten der Döner Kebap nur kümmerlich vegetiert.

Breuel, Birgit
geborene Münchmeyer. Nach mehreren Studiengängen ohne Abschluß wurde sie Wirtschafts- und später Finanzministerin in Niedersachsen, wo sie erste Erfahrungen bei der Verschwendung von Steuergeldern sammelte. So geschult anvancierte sie nach der Ermordung Rohwedders zur Chefin der Treuhandgesellschaft, die den Verkauf der gesamten DDR-Industrie mit einem Minus von mehreren hundert Milliarden Mark abschloß. Dafür wurde Frau Breuel als beste Managerin Europas ausgezeichnet. Als Generalkommissarin der Weltausstellung EXPO 2000 in Hannover konnte sie an diese Erfolge jedoch nur mühsam anknüpfen; die Verluste betrugen nur noch läppische zwei Milliarden Mark.

Claudius, Matthias
(1740 - 1815) Deutscher Dichter und Schriftsteller der bodenständigen Art. Auch unter dem Namen Asmus bekannt, unter dem er den "Wandsbecker Boten" herausgab. Schrieb

das einstmals allen Kindern bekannte Lied "Der Mond ist aufgegangen", in dem es geradezu visionär heißt: "er ist nur halb zu sehen".

Denkmalpflege
Heimtückische, aber gesetzlich verbrämte Art der Zwangsenteignung harmloser Bürger, die zufällig im Besitz eines Gebäudes sind, das älter als 20 Jahre ist.

Donnerer Donar
siehe Asa -Thor

Dorè, Gustave
(1833 - 1883) Französischer Maler und Buchillustrator. Die von ihm illustrierte großformatige und schwergewichtige Bibelausgabe gehörte seinerzeit zu den Renommierstücken der besseren Familien (Bibel – siehe Lexikon).

Eckermann, J. Peter
(1792 – 1854) Deutscher Dichter und Schriftsteller, als solcher jedoch weitestgehend unbekannt, woran Herr Goethe keine kleine Aktie hat, der aus egoistischen Gründen Eckermanns schriftstellerische Bestrebungen schlicht im Keime erstickte, damit dieser sich ganz auf seine "Gespräche mit Goethe" konzentrieren konnte.

ennuyiert
Gelangweilt. Goethe zeigt sich hier einmal ausnahmsweise als echter Deutscher, der ja stets zu sagen pflegt: "Ich möchte ja nicht wissen ...", wenn er vor Neugier fast platzt.

Erich und Genossen
Das Politbüro der Sozialistischen Einheitspartei Deutschlands mit Erich Honecker an der Spitze, der nach langjähriger geistiger Umnachtung kurz vor seinem Tode offensichtlich einen klaren Moment hatte, als er den Fall der Mauer als Werk des Weltkapitalismus bezeichnete.

Fenris-Wolf
In der nordischen Mythologie ein Ungetüm in Wolfsgestalt, das die Sonne zu verschlingen sucht. Kämpft beim Weltuntergang "Ragnarök" gegen Odin, den er tötet, wird jedoch von dessen Sohn Vidar vernichtet, der ihm den Rachen auseinanderreißt. Heißt nicht, daß jeder, der den Rachen aufreißt, ein Held ist.

Gebauer, Klaus J.
Ehemaliger Personalmanager des Staatsunternehmens "VW". Versorgte hochrangige VW-Mitarbeiter wie Herrn Hartz auf Betriebskosten mit Luxusreisen und Prostituierten: Für einige von ihnen arrangierte er bis zu fünfzig Mal in verschiedenen Gegenden der Welt aufwendige Treffs. Taschengeld gab es extra! Eine Reise ohne Prostituierte sei kaum mehr denkbar gewesen, erklärte Gebauer der Illustrierten "Stern" gegenüber. "Einige haben genommen, so viel sie kriegen konnten – Frauen und Geld. Die hatten nichts anderes im Kopf. ‚Gebauer, wo bleiben die Weiber?' Diesen Ruf habe ich mehr als einmal gehört."

Geist, deutscher
Wie alle Geister – die Seele eines Verstorbenen.

Gjallr-Horn
Signalhorn (gjellr = gellen), ursprünglich ein Trinkhorn, gefüllt mit dem Naß aus dem Unterweltsfluß Gjoll (der rauschende), über den die Toten ins Reich der Unterweltsgöttin Hel reiten. Später dem Gott Heimdall zugesprochen, der es erschallen lassen soll, wenn der Weltuntergang anbricht. Fraglich, ob man es beim Jahrmarktsgeschrei der Massen-Medien hören wird.

Goethe, J. Wolfgang
(1749 – 1832) auch Olympier oder der Weise von Weimar genannt.Begründer einer touristischen Massenbewegung und Schutzheiliger aller Hoteliers, Gastwirte und Souvenirverkäufer von Weimar und Umgebung. Soll auch viel geschrieben haben.

Hans-Jochen-Winkel
Landstrich in der Altmark westlich des Flüßchens Jeetze, in dem vor hundert Jahren jeder zweite Bewohner Hans Jochen (Schulze) hieß, was Kaiser Wihelm II. bei einem Besuch so verblüffte, daß er belustigt ausrief: "Das ist ja ein richtiger Hans-Jochen Winkel hier." Vorschläge, die Gegend in Kevin-Marvin-Denis-Winkel umzubenennen sind wahrscheinlich nicht ganz ernst gemeint.

Harry
(1797 – 1856) Kindlicher Kosename für Heinrich Heine, vor allem von seiner Großtante Brunhildis gerne verwendet. Protestantischer Atheist jüdischer Herkunft, der dem Volke Zuckererbsen und Wein geben wollte statt eines himmlischen Jenseits. Schrieb Liebeslieder, die nach seinen eigenen

Aussagen "wie in Honig getauchter Schmerz" und deshalb beim deutschen Volke sehr viel bekannter und beliebter als seine satirischen Schriften sind, die ihn in die Verbannung trieben.

Hartz, Peter

Ehemaliger Personalvorstand bei der Volkswagen AG in Wolfsburg, von der Bundesregierung mit der Entwicklung von Reformen am Arbeitsmarkt beauftragt, die nach ihm mit den Kurzbezeichnungen Hartz I bis Hartz IV benannt wurden und laut Gerhard Schröder (s. dort) die Arbeitslosenzahl innerhalb von vier Jahren halbieren sollten. In der Presse hieß es dazu: "Kaum ein nüchtern denkender Mensch hat dies auch nur für eine Sekunde geglaubt." Die Arbeitslosenzahlen stiegen, halbiert wurde die Sozialunterstützung für tausende Menschen. Herr Hartz bekam für seine Vorschläge ein millionenschweres Honorar, das aber offensichtlich noch zu niedrig war, siehe Gebauer!

Hels düstre Hallen

Keine angesagte Grufti-Disko, sondern das dunkle und feucht-kalte Totenreich der Germanen, das in unserer "Hölle" weiterlebt. Während ursprünglich alle Toten den Hel-Weg gehen mußten, lehnten es die wirklichen Recken später ab, zur Totengöttin Hel zu fahren und bestanden darauf nach Walhalla zu kommen, um dort mit Wodan weiter zu saufen. Dafür mußte man allerdings den "Schwerttod" gestorben sein. Viele "Helden" vermeiden heute den Umweg über das Schwert und saufen sich lieber gleich zu Tode.

Herzog Herman

(17 v. - 19 n. Christus). Dichterische Bezeichnung für den ältesten deutschen Nationalhelden, der im Jahre 9 n. Christus den bis dahin unaufhaltsamen Vormarsch der Römer nach Germanien stoppte. Tacitus nennt ihn Arminius, nicht aber seinen germanischen Namen, den wir bis heute nicht kennen. Wurde in der Blüte seiner Jahre von seinen Stammesangehörigen ermordet. Symbolisch geschah dies ein zweites Mal durch Schreiberlinge des "Spiegels", einer Art Bild-Zeitung für Intellektuelle, die in seitenlangen Artikeln bedauerten, daß Arminius mit seinem Sieg den Fortschritt in Deutschland für tausend Jahre aufgehalten habe.

Hydra

Ein vielköpfiges Ungeheuer der griechischen Sage, dem für jeden abgeschlagenen Kopf zwei neue wuchsen. Wohnte einst im Feuchtgebiet des Sumpfes von Lerna, bevorzugt heute warm-trockene Bürobauten.

IHK

Industrie und Handelskammer – Verband parasitär lebender Blutsauger, die sich – unter dem heuchlerischen Vorwand, seine Interessen zu vertreten – jedem Gewerbetreibenden anheften. Scheuen selbst vor Leichen nicht zurück.

IM Sekretär

Deckname, unter dem der Konsistorialpräsident der Evangelischen Kirche in Berlin-Brandenburg und nachmaliger Ministerpräsident des Bundeslandes Brandenburg, Manfred Stolpe von 1969 bis 1989 beim Ministerium für Staatssicherheit der DDR (MfS oder auch Stasi) geführt wurde. Herr Stolpe wurde in einer kleinen, halb privaten Feierstunde von hohen MfS-Mitarbeitern mit einer noch höheren Auszeichnung für seinen Einsatz an der Front des Klassenkampfes geehrt. Trotz alledem darf man nicht etwa glauben, Herr Stolpe habe f ür die Staatssicherheit gearbeitet. Ziel seiner Tätigkeit war vielmehr der Umsturz, der ja dann 1989 auch prompt erfolgte.

IM Notar

Einer der Decknamen der Stasi für den späteren PDS-Politiker und Bundestagsabgeordneten Gregor Gysi, über den ein Bundestagsausschuß berichtet, er habe als Anwalt zwischen 1975 und 1986 unter verschiedenen Decknamen ("Gregor", "Notar") dem MfS zugearbeitet und Informationen über Mandanten weitergegeben und zwar mit dem Ziel "der möglichst wirksamen Unterdrückung der demokratischen Opposition in der DDR". Dabei habe er "auch eigene Vorschläge an das MfS herangetragen".
Selbstverständlich war auch Herr Gysi, wie Herr Stolpe, in Wirklichkeit ein verdeckter Freiheitskämpfer.

Jakobssöhne

Die Juden als Nachfahren Jakobs, eines Enkels des Stammvaters Abraham. Versuchte schon im Mutterleibe, seinen Zwillingsbruder Esau zu übervorteilen und daran zu hindern, als Erster auf die Welt zu kommen, indem er ihn an der Ferse festhielt (Jakob, hebräisch = Fersenhalter, im übertragenen Sinne "der Hinterlistige"). Nachdem ihm das mißlang, täuschte er mit Hilfe seiner Mutter Rebekka seinen sterbenden Vater, betrog seinen Bruder um Segen und Recht der Erstgeburt und stahl seinem Schwiegervater die

Hausgötter. Nach einem Kampfe, den er mit seinem Gott geführt zu haben glaubte, nannte er sich Israel (hebräisch, "Gotteskämpfer").

Landtag, Thüringer
Oberste gesetzgebende Gewalt des Freistaates Thüringen, deren Mitglieder ein Gesetz verabschiedeten, das es ihnen – vereinfacht gesagt – verbietet, auf Diätenerhöhungen zu verzichten. Seitdem mußten die Abgeordneten schon mehrfach – widerwillig, zähneknirschend und mit innerem Abscheu sicherlich – eine Erhöhung ihrer Bezüge hinnehmen, aber was will man machen, die Gesetze sind nun mal so.

Lasalle, Ferdinand
(1825 – 1864) Einer der Ur-Väter der deutschen Sozialdemokratie, dem schon zu Lebzeiten von seinen Genossen verübelt wurde, daß er für eine Einigung Deutschlands unter Führung des preußischen Staates eintrat. Wurde durch einen rumänischen Adligen im Duell wegen einer Liebessache getötet.

Liege, west-östliche
Bei Goethe heißt es nicht Liege, sondern Divan. Es soll sich auch gar nicht um ein Schlummermöbel handeln, sondern um eine Gedichtsammlung – wer 's glaubt. Wo dauernd die Rede von einer Suleika ist.

Marx, Karl
(1818 – 1883) Begründer des "wissenschaftlichen" Kommunismus, Feind des Kapitals, das nach seiner Darstellung schon "von Kopf bis Zeh aus allen Poren blut-

und schmutztriefend" zur Welt kam, "einen Horror vor Abwesenheit von Profit oder sehr kleinen Profit" hat und für 100 Prozent alle menschlichen Gesetze unter seinen Fuß stampft. "300 Prozent, und es gibt kein Verbrechen, das es nicht riskiert, selbst auf die Gefahr des Galgens." Der Autor des vorliegenden Werkes hatte vor Jahren schon einmal eine geisterhafte Begegnung mit ihm, an derem Ende Marx von Grenzsoldaten der DDR am Brandenburger Tor erschossen wurde. Während seine Epigonen (bitte selbst im Lexikon nachschauen) überwiegend von seinem dreibändigen "Kapital" lebten, griff Marx selbst häufig auf das ererbte Kapital seines Freundes Friedrich Engels zurück, mit dem er in puncto Zigarren, Wein und Haushälterin Lenchen Demuth vorbildlich in kommunistischer Gütergemeinschaft lebte.

Midgard

Die von den Göttern aus den Augenbrauen des Riesen Ymir geschaffene Heimstatt der Menschen im Gegensatz zu der Asgard genannten Burg der Götter. Beide von Großstädten verdrängt!

Minnen

Altdeutsch m i n n a. Heute nur noch in der Verbindung mit Minnesänger und Minnedienst bekannt, verwandt mit m e i n e n und m a h n e n, in der Bedeutung von erinnern und gedenken. Die Heutigen minnen nicht mehr, sie machen lieber jemanden zur Minna oder lassen ihn von einer solchen in grün abholen.

Mordechai

Abgelegter Name der Familie Marx, die einen berühmtberüchtigten Namensvetter unter dem Perserkönig Artaxerxes hatte. Dieser Mordechai spielte dem Xerxes seine nahe Verwandte Hadassa (Esther) als Betthäschen zu, nachdem die Königin Vasti wegen ihrer Launen in Ungnade gefallen war. Esther verstand es offensichtlich, Xerxes so gut zu bedienen, daß er auf ihren Einfluß hin dem Mordechai freie Hand über dessen Widersacher gab. "Und die Juden... versammelten sich und erschlugen unter ihren Hassern 75 000 [Perser]", heißt es im Buch Esther. König Ahasveros (so der jüdische Name des Artaxerxes) "erlegte dem Land und den Inseln des Meeres eine Steuer auf" und "der Jude Mordechai war der Zweite nach dem König Ahasveros und groß bei den Juden und wohlgefällig bei der Menge seiner Brüder. Er suchte das Wohl seines Volkes und redete zum Wohl seines ganzen Geschlechts." In Erinnerung dieses Blutbades feiern die Juden in der ganzen Welt noch heute das Purim-Fest.

Muspels Söhne
die Bewohner von Muspelheim, eines südlich von Asgard gelegenen heißen Landes, die unter ihrem Anführer, dem Feuerriesen Surtr gegen die Götter im letzten Kampfe anstürmen und die ganze Welt in einem flammenden Inferno untergehen lassen.

Naglfar
Das Totenschiff, das die Muspelsöhne bei Beginn der Götterdämmerung nach Asgard bringen wird. Wörtlich "Nagelfähre", weil aus den Nägeln der Toten zusammengesetzt, weshalb unsere Vorfahren peinliche Maniküre betrieben, um nicht bei einem plötzlichen Tod das

Baumaterial für das unheilbringende Schiff zu vermehren.

Napoleon

(1769 – 1821) Französischer Politverbrecher korsischer Herkunft, der Europa in katastrophale Kriege verwickelte, Nachbarstaaten brutal überfiel, ausraubte und etliche Millionen Menschen über die Klinge springen ließ. Kam aber vor kein Kriegsgericht noch vor irgendein anderes, sondern wurde mit Denkmälern als Nationalheros geehrt und fand Eingang in die Geschichtsbücher als Musterbeispiel eines politischen und militärischen Genies.

Orkus

Die römische Variante des unterweltlichen Totenreiches.

Peking-Ente

Ursprünglich im Fernen Osten beheimatete Geflügelart, die mittlerweile in vielen Variationen selbst in entlegenen Dörfern Vorpommerns und der Altmark vorkommt.

Pitcairn

Insel im südöstlichen Pazifik, zwischen Neuseeland und Peru, die mit ihren 47 km— auf der Weltkarte nur schwer zu erkennen ist. Erst nach 2.200 Kilometern würde man Tahiti und nach 5.300 Kilometern Neuseeland erreichen. Zuflucht der Meuterer des englischen Segelschiffes "Bounty", so richtig gut geeignet für Leute, denen nach eigenen Aussagen Deutschland zum Halse heraushängt.

Preußen

Ausgangspunkt und Kern des neuen Deutschen Reiches von

1871, dessen Bewohner als die Träger der sogenannten deutschen Tugenden, wie Pflichtbewußtsein, Disziplin und Kampfgeist galten. Einziges Bundesland, dessen Bildung von den Allierten nach 1945 nicht wieder zugelassen wurde. Theorien, denen zufolge das Verschwinden der vorgenannten deutschen Tugenden mit dem Verschwinden des preußischen Staates im direkten Zusammenhang stehen soll, sind ins Fabelreich zu verweisen.

Prinz Eugen (1663 – 1736), aus dem Herzogshause von Savoyen. In Frankreich wegen zu schwächlicher Kondition zum Kriegsdienst nicht zugelassen, wurde er unter den österreichischen Fahnen zum Aktivposten im Kampf gegen die Türken, die im Zuge ihrer expansiven Politik schon 1529 ein erstes Mal und 1683 erneut vor Wien lagerten. Besonders die Erfolge in den Türkenkriegen machten ihn zum Volkshelden, auf den zahlreiche Lieder gesungen wurden wie "Prinz Eugen, der edle Ritter".

Ragnarök

Der germanische Weltuntergang, wörtlich eigentlich die "letzten Geschicke" (der Götter), angekündigt durch Klimakatastrophen. Frühjahrshochwasser von Elbe, Rhein und Donau sind jedoch nicht als Beginn des Ragnarök zu werten, sondern als willkommene Gelegenheiten für den werbewirksamen Medienauftritt ansonsten unauffälliger Politiker.

Rathenau, Walther

(1867 – 1922) Dichter, Philosoph, Staatsmann und Unternehmer, auf jedem Betätigungsgebiet mit überdurchschnittlichen Leistungen. Von Deutschen als Jude, von Juden als Deutscher abgelehnt!

Rohwedder, Karsten
(1932 – 1991) Politiker und Wirtschaftsmanager. Wurde als Chef der Treuhandgesellschaft (siehe dort) durch einen Schuß aus 70 Metern Entfernung durch ein geschlossenes Fenster im 1. Stock seines Düsseldorfer Hauses getötet, nach offiziellen Darstellungen durch das RAF-Mitglied Wolfgang Grams, der am Tatort freundlicherweise ein Handtuch zurückließ, dessen gentechnische Untersuchung ihn als Täter verriet. Wir können Herrn Grams zu den Vorfällen leider nicht mehr befragen, da er wiederum auf einem Bahnhof in Mecklenburg-Vorpommern beim Überschreiten eines Gleises ums Leben kam, obwohl weit und breit kein Zug zu sehen war, sondern nur eine Spezialeinheit des GSG 9. Theoretisch müßte er noch am Leben sein, denn die Zivilklage seiner Eltern auf Erstattung von Beerdigungskosten wurde abgelehnt mit dem Hinweis auf das amtliche Ergebnis, demzufolge weder für Selbsttötung noch für eine Fremdtäterschaft hinreichende Beweise vorliegen.

Schiller, Friedrich
(1759 – 1805) Im Gegensatz zum Weltbürger Goethe sehr national denkender und schreibender deutscher Dichter. Wurde auch nur halb so alt wie dieser. Wird von seinem Volke so verehrt, daß man in Weimar gleich zwei Skelette und zwei Totenschädel aufbewahrt, die beide nicht von ihm sind.

Schröder, Gerhard

Steht – rein alphabetisch natürlich nur – zwischen Schiller und Schufterle (siehe dort). Soll mal Bundeskanzler gewesen sein.

Schufterle

Einer von Schillers "Räubern", obwohl bei weitem nicht der schlimmste, von Heinrich Heine in der Vorrede zum "Wintermärchen" als Synonym für gewissenlose deutsche Lumpe und Denunzianten genannt. In Deutschland nach wie vor ein gefragter Typ!

Schuster , Franz

Von 1994 bis 2003 Minister für Wirtschaft, Arbeit und Infrastruktur in Thüringen. Durch die Ausreichung erheblicher Fördermittel verschaffte er dem Freistaat eine "Spaßbaddichte", die ihresgleichen in der gesamten Bundesrepublik Deutschland sucht. Allein für das Spaßbadprojekt "Therme/Golfplatz Hohenfelden" erließ er – gegen den Widerstand selbst der eigenen Fraktion – einen Fördermittelbescheid in Höhe von 54 Millionen Deutsche Mark. Sehr merkwürdig, da angesichts der tatsächlichen Baukosten nach Meinung von Experten schon die Hälfte zuviel gewesen wäre. Da Herr Schuster gar kein Wassermann, sondern im Juli geboren ist, fragt man sich, was ihn wohl in seiner Entscheidung bewogen haben mag?

Seume, J. Gottfried

(1763 – 1810) Durchschnittlicher deutscher Dichter, aber hervorragender deutscher Mann! Feind aller Sklaven wie aller Tyrannen, die sich seiner Meinung nach gegenseitig bedingen, wobei es immer die Sklaven sind, die sich die Tyrannen schaffen.

Segestes

Stammesfürst der Cherusker, ein Schufterle der germanischen Frühzeit. Schwiegervater von Arminius (siehe Herzog Hermann). Lieferte dessen Frau, seine eigene schwangere Tochter Thusnelda, nach Rom aus, wo sie im Triumphzug herumgeführt wurde.

sic

Lateinisch: so! Beim Anblick Goethes kann man natürlich nicht einfach "so" sagen, da schon muß was Klassisches her.

Sintflut

Mißlungener Versuch des Schöpfers, Fehlfunktionen seiner Geschöpfe im Nachhinein durch eine Wasserkur zu beheben.

Spaßbäder

Staatlich subventionierte öffentliche Duschgelegenheiten, nicht nur, aber vor allem in Thüringen, dort flächendeckend! Mit den Subventionen hätte man wahrscheinlich jedem Thüringer einen Badeurlaub in der Karibik finanzieren können. Trotzdem eine saubere Sache – für ihre Erfinder, die sich wahrscheinlich immer noch vor Spaß die Hände reiben, daher der auch der Name Spaßbad. Siehe auch Schuster

Surtur

"Der Schwarze", siehe unter Muspels Söhne

Tacitus
(um 55 n. Christus) Römischer Geschichtsschreiber, dessen "Germania" die wichtigste schriftliche Quelle über das Leben unserer Vorfahren ist. Stellt die Germanen und ihre soziale Struktur als Vorbild für seine verkommenen Landsleute hin. Mehr als unglaubwürdig! Wie jeder weiß, lagen die Germanen den ganzen Tag saufend auf Bärenfellen herum. Ein solcher Trupp besoffener Krakeeler war es auch, der drei römische Elite-Legionen (entspricht etwa drei heutigen Armee-Divisionen) auslöschte und damit den römischen Kaiser bis an den Rand des Wahnsinns trieb.

Teutos Furor
Der von antiken Geschichtsschreibern oft zitierte "furor teutonicus", der unbändige deutsche Kampfgeist, der sich heute in voller Wucht auf Nachbarschafts- und andere Klagen wirft.

Tiegelbraten
Typisch altmärkisches Gericht, wie altmärkische Hochzeitssuppe und Baumkuchen. Einfach unbeschreiblich.

Treuhand
Das teuerste Bestattungsunternehmen der Welt. Sollte eigentlich die Wettbewerbsfähigkeit der Volkseigenen Betriebe der DDR sichern, statt sie zu beerdigen. Am 1. Juli 1990 waren ihr etwa 8.500 Betriebe mit mehr als vier Millionen Menschen unterstellt. Ende 1994 betrug die geschätzte Verschuldung der Treuhand 260 bis 270 Milliarden DM. Der VEB Wärmeanlagenbau – um nur ein Beispiel zu nennen – wurde für zwei Millionen DM an das bis dato völlig

unbekannte Schweizer Unternehmen Chematec verkauft. Chematec-Chef Michael Rottmann zweigte für sich durch Grundstücksverkäufe und Plünderung von Betriebskonten 200 Millionen DM ab. Zur Strafe muß er nun von den 200 Millionen 20 Millionen zurückzahlen.

Trittin, Jürgen

Grüner Politiker, wird wohl auch nicht mehr reifen.

Tuisco

Auch Tuisto – "der Zweifache". Germanische Urgottheit, die aus ihrer Doppelgeschlechtigkeit heraus Mannus, den Stammvater aller Germanen gebiert. Für einen realen Kern dieser Sage spricht das atavistische Hervorbrechen von Doppelzüngigkeit bei seinen Nachfahren.

Türkei

Europäisches Kernland – so man den EU-Politikern glauben darf.

Thusnelda

Cheruskerin, Gattin des Arminius, Tochter des Segestes, einst Sinnbild für Treue und Schönheit der germanischen Frau schlechthin. Heute zur "Tussi" verkommen. Die Bezeichnungen ändern sich halt mit den Dingen.

Varus, Quintilius

(? - 9 n. Christi) Angeheirateter Verwandter des römischen Kaisers Augustus Octavianus. Trotz seiner auch für Römer außergewöhnlichen Habgier ein Mann mit Grundsätzen und Gefühl für Verantwortung - stürzte sich nach der verlorenen

Schlacht im Teutoburger Wald in sein Schwert.

Vigilien

Die (von lateinisch vigilant – wachsam benannten) vier Nachtwachen der Römer, welche später von der katholischen Kirche zu religiösen Zwecken auf die Klöster übertragen wurden, aber auch die nächtlichen Vorfeiern zu kirchlichen Festen wie Ostern. Herr Hartz, Gebauer und Konsorten werden jedoch schwerlich mit Betschwestern gewacht haben.

Vulpius, C. August

(1762 – 1827) Weimarer Stern 3. Klasse, der nichtsdestotrotz mit seinem dreibändigen Räuber-Roman "Rinaldo Rinaldini" einen Bestseller landete, von dessen Auflagenhöhen sein Schwager Goethe zu Lebzeiten nur träumen konnte.

Walvater

Beiname des Odin (identisch mit Wodan), auch Allvater genannt. Walvater weil Herr von Walhall und Erwähler der dort eintrittsberechtigten Helden.

Walhalla

Eine Art Hofbräuhaus im Götterheim Asgard mit Odin als Chef. Nur tapfer im Kampfe gefallene Krieger hatten dort Zutritt und Anspruch auf ewiges Freibier. Die Halle, mit blanken Schilden an den goldbedeckten Wänden, war so riesig, daß durch jedes der fünfhundertvierzig Tore achthundert Helden, also 432.000 Mann, gleichzeitig einmarschieren konnten. Heute würde eine Schlupfpforte ausreichen.

Zermalmer

"Mjöllnir" – Name für Thors Hammer, einer Art nordischen Bumerangs, der nach meist tödlichem Wurfe von selbst in die Hand seines Besitzers zurückkehrte.

Von dieser Auflage wurden einhundert Stück von Hand gebunden und vom Verfasser signiert.

Dieses Exemplar trägt die Nummer

— —